普天之下・盡是好書
普天出版家族
Popular Press Family
凌雲文創
A-Plus Creative Company

You can also make words attractive

突破心防說話謀略

你也可以讓自己的話語充滿吸引力

美國作家安．比爾斯曾經寫道：
「說服是一種催眠術，說服者的意見隱密起來，
變成了論證和誘惑。」

想要成功說服別人，達成自己的目的，
就必須透過有效的說話方式，
將自己的意見、想法滲透到對方的腦子裡。
巧妙的說話方式，動人的肢體語言，
恰到好處的幽默言語……
這些都是突破對方心防必須具備的要件。
在溝通過程中，如何讓自己的話語充滿吸引力，
絕對是必修的一門學分。

易千秋 編著

•出版序•

說話玩些心機，才能順利達成目的

•易千秋

不論溝通、談判或是推銷自己的想法，想要順利達成目的，就必須先看穿對方潛藏的心思，突破對方的心防，牽引對方往自己設定的方向走。

戴爾・卡內基曾說：「如果你想要別人接受他們不想接受的要求，只需將這些要求包裝在他們喜歡聽的話語之中。」

確實如此，不論溝通、談判或是推銷自己的想法，想要順利達成目的，就必須先看穿對方潛藏的心思，然後用對方最喜歡聽的話語，巧妙地傳達自己的意思。如果你能在言談間看穿對方正在想什麼，便可以突破對方的心防，牽引對方往自己設定的方向走。

說話就像一把雙面刃，話說得好、說得巧妙，事情可以圓滿順利；說得不好、說得糟糕，則可能激發對方的逆反心理，讓正在溝通的事項變得更加棘手。因此，你必須學會看穿人心的說話技巧，設法突破對方的心防，並確實運用於每個需要溝通的場合，讓同事、上司、客戶或是交涉的對象成爲最好的助力，而非最大的阻力。

繁忙的人際交往中，人與人之間的溝通對話不可避免。

一個會說話的人，每一句話都能打動人們的心弦，好像具有一種不可知的魔力，操縱著人們的情緒。他的一舉手一投足，嘴裡發出來的一言一語，彷彿都能影響到周圍空氣的鬆弛與緊張。

這種感染的力量是什麼？就是口才。

和別人接觸的時候，有四件事情容易被人用來當作標準，評定我們的價值，那就是我們做的、我們的面貌、我們說的話，以及我們如何說話。

可惜，許多人爲了種種瑣事的繁忙，忘記最重大的事，缺少時間研究他們的「辭藻」，甚至不肯花一分鐘的時間思考如何充實自己的辭句、如何增加辭句的意義，如何使講話準確清晰。

有些人以爲，只要有才幹，即使沒有口才，也可以達到成功的目的。

這種觀念並不完全正確，有才幹並且有口才的人，成功希望才更大。因爲一個人的才幹，完全可以從言語談吐之間充分地表露出來，使對方更進一步地瞭解，並且信任。

人際關係專家畢傑曾說：「如果你想把話說到別人的心坎裡，就必須知道如何利用別人最喜歡聽的話，間接傳達你想要傳達的意思。」

的確，同樣的一件事，用不同的兩種話來表達，最後的結果往往是大相逕庭。如果你可以在事前就知道你想要傳達的人喜歡聽什麼話，然後再用他喜歡聽的話間接傳達你的意見，那麼，對方欣然接受的程度肯定會高出許多。

口才，是生活中應用最普遍也最難能可貴的說話技術。然而，與你交談的對象當中，有幾個長於口才？在日常的談話中，在大庭廣衆的集會中，你遇到

過多少使你滿意的談話對象？曾有多少人，能夠把話說到你的心裡去？恐怕都是屈指可數吧！

不論是面對家庭，還是職場，甚至是整個社會，期望無往而不利，少不了得培養自己的口才，強化自身的說話能力。

不能僅僅是說話，而是要把話說到聆聽者的心坎裡去！

口才是現代社會必備的競爭資本，也是增強人際關係的要素，懂得把話說得更巧妙，懂得把意見滲透到別人心裡，更是商業社會的成功之道。

很多人失敗，並不是敗於實力不濟，而是不知道運用「語言」這項利器。

唯有細心研讀並靈活應用語言的魅力，具備良好的說話能力，才能增進自己的各項能力，在商業社會遊刃有餘。

PART 1 摸透人心再開口

說服之前，必須了解對方。付出的心力越大，設想越周密，話就能說得越好，成功的機率自然更高。

PART 2

說服，從拉近心理距離開始

口口聲聲都是「我們」，不僅表示排除了自我，且能觸發聽眾對集體的歸屬意識，即使厭惡被迫接受，也會不知不覺地軟化。

PART 3

換個說法，就可以改變對方的想法

引導想法的說話方法，對於任何誤以為自己有許多毛病的人，通常都相當適用，可有效解除心理上的困境。

PART 4

站在對方的角度，活用說話藝術

有些顧客確實無購買能力，有些卻是想進行討價還價，推銷員一定要仔細分析其真正原因，加以擊破！

PART 5

請將，不如聰明激將

被激的一方，必須是那種能激起來的人物。另外，激將法是在雙方較為熟悉的情況下進行的，不宜對陌生人採用。

PART 6

迂迴側擊才能突破僵局

當談判雙方在某個問題上爭執不下時，自信加技巧就是獲勝的關鍵。誰更自信、誰說話更有技巧，誰獲得成功的可能性就越大。

PART 7

期望會說話，先學著少說廢話

諺語是詼諧而有說服力的短句，談話時套用個幾句，有畫龍點睛的效果，但用太多也不好。

PART 1 摸透人心再開口

說服之前，必須了解對方。
付出的心力越大，設想越周密，
話就能說得越好，
成功的機率自然更高。

摸透人心再開口

說服之前，必須了解對方。付出的心力越大，設想越周密，話就能說得越好，成功的機率自然更高。

與人交流溝通過程中，免不了會碰上意見分歧的時候，這就是對雙方說服能力高低的最大考驗。

說服之前，需要先花費相當的精力去熟悉和了解對方，盡可能將相關資訊收集完備，精心選擇適合的說服場所，仔細尋找最合宜的時機，擬定最可能被接受的說服方法。

準備階段的工作成效，會直接關係到說服的效果。

在準備階段，主要應做好以下幾項工作：

•掌握資訊

要說服一個人，首先需要弄清楚他究竟在想些什麼，他苦惱的原因是什麼，他的認知層次水準大概在什麼樣的程度。

只有先掌握說服對象的想法，才能觸及他們的內心，達到目的。

說服者應妥善運用平時觀察分析累積的經驗，透過調查、走訪、察言觀色，掌握第一手材料，一舉解決問題。

只要思想資訊的傳遞管道保持暢通，必定能夠理解對方的想法，進一步走進神秘的心靈殿堂。

但在深入細緻的了解過程中，不能排除獲得的材料屬於道聽塗說的可能，所以不可完全被獲得的資訊所左右，而要輔以多方面驗證分析，從眾說紛紜中，做出最符合實際的歸納判斷。

•摸清情況

希望自己說出的話達到效果，必須了解聽話者，摸清他的思想素質、文化素養、性格氣質、社會關係和生平經歷。

一個人的思想情緒不是憑空產生的，除了一定的客觀原因推波助瀾，還與本人的素質、經歷乃至所處的環境有直接關係。

爲什麼同樣一件事，在某個人身上不產生任何反應，換到另一個人身上，卻成了天大的問題呢？

一言以蔽之，完全是由人與人之間的差異性所造成。明白了這個道理，就能理解「全面掌握說服對象」的重要。

1. 思想素質方面，主要應摸清對方屬於哪個層次。
2. 文化素養方面，主要應知道對方的教育程度。
3. 性格氣質方面，應了解平時的脾氣和性格屬於何種類型。
4. 社會關係方面，應了解相關的家庭人員構成情況。
5. 生平經歷方面，應弄清楚影響重大的事件。
6. 經濟方面，應儘量設法獲取與個人收入、家庭經濟來源、生活水準相關的確實資訊。

•抓住焦點

把握住與說服對象之間的意見分歧點，才能達到「有的放矢」，讓雙方的思想相碰撞並迸出火花。準確抓住焦點，你的思想觀點才能融入對方的思想觀點，從而如願進行深化或者改造。

•設想對策

說服，不可能完全按照自己預先設計的思路，一帆風順地向前發展，多會由於種種原因導致梗阻出現。所以，說服之前既要充滿信心，又不可盲目樂觀。

爲了順利地達到說服目的，必須在行動展開之前，自我設計幾種假設的障礙及破除對策，演練至熟悉爲止。

•確定方法

上述情況的了解，是確定整個說服工作採用何種方案的依據。

確定說服方法，既要考慮到對方的心理特點和承受能力，又要考慮自己對不同說服方法的駕馭能力，找出最適宜者。

大體上，確定以某種方法爲主的同時，還要多準備幾種方案，萬一情況突變，就立即調整。行動之前，需要花費相當大的精力去熟悉和了解對方，這是不可免的。付出的心力越大，設想越周密，話就能說得越好，成功的機率自然更高。

不但口服，更讓人心服

說服別人，光是自認為理由充足還不行，更要掌握對方的心理特點與需求，達到心服口服，一切任由你做主。

有些人認爲，說話只是一種單向行爲，你覺得呢？

在美國，曾盛行過一種形容人際關係的「槍靶理論」，認爲說服者等同於舉槍打靶者，被說服的對象理所當然就是槍靶，只要做到槍舉靶落，「砰」的一聲，讓目標應聲倒下即可。

但事實證明，這種理論是荒唐的，它不夠周全，因爲純粹的、單方面的說服並不能使人口服心也服，不算是一種好的說話技巧。

究竟該如何著手，才能使人心甘情願地接受你的意見？

探究問題的答案，可得出下列幾項必須注意的要點：

● 不要威脅對方

說服者往往認為自己是好心，是從對方的利益出發，並沒有威脅的意思，但真正付諸言語就不是那回事了。

媽媽對孩子說：「你不多穿件衣服，等下就凍死在外面。」

孩子一聽，馬上回嘴：「凍死就凍死，不要妳管。」

媽媽的勸告是出於好心，得到的卻是逆反結果，正是因為話中透露出的威脅意味讓孩子無法接受。

「如果你再不申請參加球隊，我們就不要你了。」

試想，面對這種話，正在考慮加入的人會如何回應？想必會大感不快地回絕道：「那正好，我根本就不想參加。」

● 讓你的觀點中有他的一份

說服過程中，營造出「身處同一陣線」的氣氛，成功率較高。

例如：「你曾說過抽煙不好，也勸過我不要抽煙，不是嗎？既然如此，爲什麼現在卻要抽煙呢？」

使對方產生錯覺，彷彿不是別人在說服自己，而是自己在說服自己。如此一來，被說服者所擔心的「投降」壓力解除，任何話自然都好說。

如果想說服一位失戀的朋友不要自卑，千萬不要找一個總能順利縱橫情場的人出馬，因爲這種接近本身就反襯了對方的痛苦，導致「飽漢不知餓漢饑」的抗拒心理產生，必定收到反效果。

改找一位剛從失戀煎熬中站起來的朋友與他談，就容易達到目的，使他接受勸告，因爲彼此處境相同。

• 尊重人格

進行說服，可多用討論、提問方式，切記不要涉及過度尖銳的評論，更不可揭人隱私。話要講得彈性些，給自己修正的空間，不要講死。

簡單說，就是做到「對事不對人」。

語言中應避免出現「你應該」、「你必須」之類的詞語，多用商量的口氣，如「我們討論一下有幾種解決方法」、「能不能有更好的辦法呢」等等。

這種說話方法的巧妙處，在能使對方於不知不覺中更客觀地看待自身，避免情緒障礙。

●讓對方把處境的困難講出來

急於求成、急功近利是說服者的常見心態，而被說服者的心境和處境，則相對地常被忽略。能否體諒被說服者的心境，就是成敗關鍵。

冒失的說服者總是一開頭就強調對方的錯誤，嫻熟說話藝術者則不然，必定會先讓對方將心中的矛盾、苦惱講出來。

研究資料表明，凡是願意將困難或不滿講出來的人，他的心扉實際上已經敞開，準備接受幫助，相對的，沉默不言則是拒絕一切的表現。

•避免讓對方反感

說服的方法不對，非但不能解開僵局，更會使聆聽者產生敵意。

這種情況的發生，多導因於談話間表露出不滿或厭惡情緒，也可能是說服者操之過急、逼人太甚。所以，不希望糾紛越演越烈，首先要避免以上兩種容易激起敵意的態度。

另外，當對方的情緒過分激動時，對是非的判斷力、意志的驅動力都會變得「模糊」，處於抑制狀態。

這種情況下，任何「強攻」都難奏效，不如暫停說服工作，讓彼此冷靜一下，釐清思緒，換個時間與地點再開始。

心理學研究發現，某一件事在頭腦中形成強烈的刺激反應，一時無法抑制，但睡了一覺後，情緒便會淡化，這就是「睡眠效應」。這也證明了一個道理：適度停頓，對扭轉認識、穩定情緒有很大幫助。

說服別人，目的是使人跟自己走，光是自認爲理由充足還不夠，更要掌握對方的心理特點與需求，達到心服口服，一切任由你做主。

古希臘哲學家蘇格拉底認爲，他從來沒有要教訓別人什麼，只像一個靈魂的催生婆，幫助人們產生自己的思想觀點。說服者必須掌握「催生」的藝術，也唯有達到如此境界，才稱得上是眞正的說話高手。

提高說服力，從「七大竅門」開始

任何人都希望能輕鬆地說服他人，但千萬不可誤解說服的本意。它與饒舌之間的差別，絕不僅止於十萬八千里。

留意週遭，必定會發現一種現象：有的人不費口舌就自然具備說服力，而有的人即使滔滔不絕，也找不到願意洗耳恭聽的聽衆。

因此，應該建立一個正確觀念：說服力高低並不取決於能否能言善道，而決定於能否適時說出適當的言辭。

當然，有人天生就具有說服力，但是一般來說，說服力是靠後天的經驗和努力培養出來的，且能夠藉認眞的進修、訓練，得到有效提高。

以下，提供提高說服力的「七大竅門」：

●掌握要點和難點

大部分人都希望能有力地說服他人，在短時間收到效益，但能眞正掌握「要點」的人卻非常少。

與其一味威脅或否定，倒不如明白地告訴對方「如果不這麼做，公司就會有危險」、「這樣會給大家添麻煩」、「如此才可以拓展前途」、「必須拉攏他加入我方的陣營」，如此才算符合說服的初步需要。

切記，想不費吹灰之力就說服對方是不可能的，必須徹底檢討自己的意見，表明最低限度的要求。若抓不住意見的重點，不但無法說服對方，反會招致反擊，最終不得不知難而退，無功而返。

要是無法將該說的話明確地表達，一開始就心生膽怯，擔憂著「我眞的能順利說服對方嗎」或「萬一遭到拒絕該怎麼辦」，甚至認爲「對方說的也有道理」，就已失去了獲勝的契機。

說服的基礎不夠穩固，必定想不出「有效說服對方」的手段和方法。在談話展開前先檢查談論的內容是否必要，釐清自己的思緒，然後再開始進行說服，才可能事半功倍。

•掌握對方心理

不考慮對方，只單方面談論自己的事，不但無法打動人，反會顯得疏遠。因爲從感情與理性兩方面來說，強迫性做法會使人在感情上產生不悅，脫離要點則會導致理性上無法理解。

想要讓自己更會說話，首先需要訓練的是「靜聽」。任何人都希望站在說服者的立場，不喜歡被人說服，更有甚者認爲被說服是一種恥辱。若不能使對方保持平靜，消除壓迫感，說服不可能成功。因此，與其自己一股腦地發言，倒不如聽聽對方的想法，從談話內容中謀求進一步了解。

給予對方發表意見的機會，可以緩和緊張氣氛，進一步使他對你產生親切感，更重要的是，能從談話中抓到說服工作的著力點。

那麼，要如何才能讓對方發表意見？

成功的案例告訴我們，不妨先誘導談論感興趣及關心的話題，這對掌握心理有相當大的幫助。

抓住被說服者喜歡的話題，或者最切身的問題，由此找出關心的目標，深入探究，他自然會道出自己的看法，吐露出重要內容。

●周密的論證

不能夠具體表明的要點，不具備說服力。同理，不得要領的要求，也無法得到期望的效果。

對他人有所期望，希望達到目的時，必須藉周密論證確保正確了解。

有些時候，雖然下命令的人知道自己的意思，執行命令者卻不了解，可想而知，結果必定不會太理想。

在工作方面，說服他人之時，要具體地提示計劃、說明理由、內容、完成日期及要求的成果，不如此提出，就很難說動對方去辦，再怎麼激勵，他也不知從何下手。

人之所以會有積極意願，是因爲得到充分發揮自身能力的機會。唯有將才智與能力發揮到極致，才能體會到工作的意義。

● 發揮他人才智

使對方發揮才智，首先須告知他想知道的事。若欠缺確切的指示，必定會因爲處在不明事理的情況下，導致不滿，破壞和諧。

主動告訴對方「你的立場是……，你的行動是……，最後的目標是……」明確給予提示，並要求「我想借助你的智慧，請務必盡力」，說服到此地步，多能有效鞏固意願。

越了解情況，越有助於融入，做起事來更容易。例如，明示對方「這件事的結果是」、「你下次應該這麼做」等等，把自己想獲得的結果具體明確地告知，同時應在明示的過程中，應做到廣納建言，提高整體的參與意識。

如此，才能稱之爲周密的說服。

● 引導對方

說服，就是懇切地引導他人，按自己的意圖辦事。

如果不以懇切的態度進行說服，只想藉暫時的策略瞞騙，或許一時能收到效果，但絕對無法使說服者與被說服者間得到長久的和諧。

當說服者暗自高興「成功了」時，被說服者卻感到「上當了」，絕對是最拙劣的說服方法。

●讓步

懇切地引導對方，使得到了解與滿足，這時，雙方的滿足度約各爲五十%，若是期望被說服者再做些許讓步，必須相應地讓他得到更多滿足感，否則非但無法達到心服口服的境地，甚至根本無法談攏。

說服，必須得到令雙方都滿意的結果，否則不算成功。

換句話說，說服者必須讓對方認爲「哼！這次是因爲我讓步，他才能成功地說服我」，如此的滿足感，就是懇切引導的最好效果。

爲此，說服者在達到目的後，應主動、積極向被說服者表示「眞謝謝你」、

「沒有你的幫助我就完了」、「你如此幫我忙，我會銘記在心」等，以實際行動滿足對方的虛榮心。

● 建立信任關係

有的人在說服時，會特別用親密的態度或語言接近對方，但因爲太過刻意、虛假，不僅無法達成目的，還引起戒心，甚至受輕視，排斥，得不償失。要知道，信任非常重要，只想以自己的方便操縱對方，遲早會受到孤立。有意與人交流，建立並維持信任是必不可少的條件。

信任的關係，寓於日常生活中。得到他人認同，且自認不辜負他人，將有助於建立信任，達到圓滿的說服。

任何人都希望能輕鬆地說服目標對象，尤其是擔任領導職務者，但千萬不可誤解說服的本意。要知道，它與饒舌之間的差別，絕不僅止於十萬八千里。

做一個能和上司談判的好員工

談判當然不僅靠專業知能，更要靠其他各方面的素養展現，要求的是一個人的綜合素質。

在進入本文以前，請先設想以下情況：

某名員工在心裡憋了一肚子不滿，某天，終於在衝動下鼓起勇氣，闖入老闆的辦公室，氣勢洶洶，怒不可遏，脫口說出一句：「老闆！我要和你談判！」

接下來，會發生什麼事？

你可能以為接續的情況是這樣：老闆一開始顯得驚魂未定，有些不知所措，定了定神之後，才以討好的口吻請那名員工坐下來好好談，陪著笑臉，一面拍著他的肩，一面勸道：「別生氣嘛！有話慢慢說……」

最後，老闆欣然採納了員工的意見，承認自己的錯誤。

仔細想想，這眞的可能嗎？這絕對是一廂情願的想法，成眞的可能性極低。畢竟，老闆如果有那麼容易被說服，員工也就不會有如此大的怨氣，更不會氣得跑去當面談判了，不是嗎？

身爲員工者，一定要建立一個正確觀念：在衝動狀態下和老闆談判，輸家往往是自己。如果老闆本身是位談判高手，未等展開攻勢，早以三寸不爛之舌取得勝機，逼得員工灰頭土臉、鎩羽而歸。

與老闆談判的原則是什麼呢？很簡單，就是不求必勝但不能慘輸，至少也要達到和局。在這一原則指導下，爲員工者必須熟悉「談判五大基本要素」，才能踏出成功的第一步。

• 完美的策略是致勝的後盾

談判絕對不能在衝動下進行，否則必定失敗。

要深思熟慮，在冷靜中擬定策略，當作自己的武器。談判的問題越重要，花在擬定策略上的時間也應越長。

沒有策略，或是策略輪廓模糊，將免不了在談判過程中迷失方向。失去方向以後，言語會變得蒼白無力，縱使雄辯滔滔，空洞的內容也難擋老闆的銳利辭鋒，落居下風。

●預留迴旋餘地

和老闆談判之前，必須摸清對方的底細、揣測各種可能的回應情形，並據此制定應對策略。

此外，也要讓自己做好心理準備，實際和老闆談判時，很可能會發現所有的預定策略派不上用場，因爲老闆的見識閱歷與員工不同，思路往往不能被完全掌握，意料之外狀況的發生，理所當然。所以，必須預留迴旋空間，才不至於在被逼到角落時驚慌失措，給老闆可乘之機。

如果發覺自身處境尷尬，說服老闆讓步已經不可能，不妨這麼說：「透過剛才這一番談話，我想通了，怪我年輕識短，想得不夠周全，若有冒犯到您的地方，還請原諒。」

這樣說話，老闆想必不會過度責怪，說不定還覺得你敢於犯顏直諫，又知錯能改，是相當不錯的人才。

留有迴旋餘地，最主要在不可於談判過程中把話說絕、說死、說滿，斷了自己回頭的路。

例如，最好不要說：「如果你不能滿足我的要求，我就辭職」、「我是不會讓步的」，因爲這無疑於自掘墳墓。如果老闆本就對你不滿，正好藉此機會給你「顏色」，逼你走路，到頭來倒楣的還是自己。

●收集準確而豐富的情報

和老闆談判，內容通常不僅止於個人私事，極有可能和單位的其他同事，或是同公司的其他部門相關。因此，只要碰得上邊的，你都必須要求自己徹底了解，收集完善的情報，從公司政策、同事態度、工作成敗到對手的觀念等，全都不容輕忽。其中，與談判主題直接相關的，更是越詳細周全越好。

情報當然會隨著局勢變化，但只要你能下功夫確切掌握，並運用說話技巧妥善表達，必能表現出自身的不凡能力，給老闆留下良好的印象。

老闆很有可能會認爲你是一個有責任心的下屬，因爲如果不是這樣，你就不可能對公司的情況這麼熟悉。一個有責任心的人，當然値得重視。

●流利的表達能力

和老闆談判，首先要讓老闆理解你的看法，進而加以深入說明。所以，如何配合對方的思維，把自身看法準確傳達出去，求得充分理解，是決勝的關鍵。

口若懸河並非與老闆談判的必備條件，因爲你越是滔滔不絕地講個不停，就容易露出破綻，讓老闆抓住可乘之機。

你眞正需要做的，不是不加思索地將自己的想法說出去，而是要求表達清晰，保證思路的前後一貫，增強語言的說服力。

●藉談判機會展現自身素養

和老闆談判，並不等於和老闆吵架。你的風度、談判內容的深度，以及個人修養，都影響著談判的成敗。

若表現得體，縱使談判失敗，仍可望在老闆心中留下良好印象。

談判的內容越深，你的專業素養就要越高，光憑一些常識性的東西就想讓老闆「屈服」，無異於妄想。

談判當然不僅靠專業知能，更要靠其他各方面的素養展現，要求的是一個人的綜合素質。在談判中，你不僅要展現出對專業知識的熟練掌握，還要表現出彬彬有禮、有理有節、公正客觀以及大度寬容。

有力、有節，才可以取得最後的勝利。

以上這一切都要在言辭中表現出來，能夠確實做到，即使沒有全勝的把握，也不會相去太遠。

聰明化解反對意見

我們很難完全避免反對意見的產生，因此學習正確面對、化解，才是於談判桌上克敵制勝的最積極做法。

在談判過程中遭遇反對意見，可說是司空見慣的事情。

確實，不論是多高明的談判者，都不可能一句不問就答應對方的種種要求，讓對方心服口服。

反對意見的出現，恰恰說明這是對方對問題感興趣或關心的一種表現，如果能適時給予滿意的答覆，就可望使雙方的關係由對立轉趨合作。

處理反對意見，可採用以下方法：

•反問法

簡單來說，就是對對方的反對意見提出質問。

一句簡單的「爲什麼」便足以使雙方的攻守位置顚倒，反攻爲守、反守爲攻，促使提出不滿的對手說明理由或原因，展現背後的眞正動機。

可以說，「爲什麼」是處理反對意見的最基本工具。

•引例法

借用已有、曾出現的事例，並加以活用，例如說：「許多人一開始都有跟你相同的想法（指反對意見），但在接受我方的建議後，都感覺情況有明顯的改善，所以請稍安勿躁。」

使用此法要注意，關鍵在於例證恰當且眞實可信，不僅從心理上打動對方，並給予驗證的條件和機會。

只要使用得當，這個方法將能有效克服由主觀因素差異導致的種種偏見或成見，避免發生衝突。

•移花接木法

也稱爲「躲閃法」，首先在肯定對方的反對意見，甚至表示讚賞，然後再陳述自己的主張和見解，例如：「我完全贊同您的意見，但如果能加上這一條……，那就更理想了。」

這可以避免對方產生牴觸情緒，更容易敞開心胸接受他人的看法。

•充耳不聞法

又稱作忽視法、置之不理法。

談判進行中，對方可能出於心情或情緒不佳、不夠清楚等原因，提出一些與實質談判活動完全無關的意見，雖然不中聽，卻不等同於眞正的反對。對此無須太過介意，大可完全不予理會、不加反駁。

•正面回擊法

正面回擊，就是從正面直接否定對方的意見。

一般來說，這個方法少用爲宜，因爲難以讓對方接受，容易導致對立情緒產生。但若存心殺一殺對方的氣焰，就是最好的方法。

處理反對意見不是一件簡單的事情，應該力求表現得坦然、沉著、冷靜、謹慎，千萬不要給人恐慌、不耐煩、憤怒、漫不經心的感覺，以免收到反效果。

從經驗歸納，可以得知必須滿足以下幾點：

1. 避免爭論

除非別無選擇或另有目的，否則不要直接了當地駁斥對方，進行爭論，因爲這很有可能使自己丟掉到手的生意，得不償失。

2. 辨析原因

分析對手提出反對意見的意圖，力求找出背後的眞正動機。

3. 歡迎反對意見

樹立一個觀念——談判的目的之一，就在答覆對方提出的反對意見。所以針對對手提出的疑義，應該表示歡迎、體諒。

4.認真嚴肅地傾聽

不管對方提出的反對意見是否正確，都要認眞地傾聽，全部了解之後再做回應，這種態度本身就是一種應有的尊重。

5.細心觀察，以防為主

對手提出反對意見是不可避免的，但也是可以預防的。最好能事先設法預知反對意見可能產生的時機與方式，做好充分準備，不給對方可乘之機。

6.冷靜回答

回答問題時，如果表現出憤怒、輕蔑、不可理解等態度，則不僅不能解決問題，還會更進一步加劇衝突。

因此，回答時要做到泰然自若、處變不驚、輕鬆愉快。力求說話有條有理、有評有據，並且避免囉嗦。

7.適度接受

有些反對意見只涉及次要問題，對主要討論事項沒有多少影響，這時不妨表現充分的理解，盡可能地同意對方的意見。

如此，既不造成實質損失，又使對手感到滿意，何樂而不為？

反對意見的產生是一種正常現象，只代表對某種論點或事物的質疑，不等同完全否定。我們很難完全避免反對意見的產生，因此學習正確面對、化解，才是最積極做法。

排解得法，怨言不可怕

可以這樣說，能夠勇敢承擔並化解客戶的怨言，才能成為一位合格的行銷談判者。

身爲代表的你，免不了會在談判中聽見對手的一些怨言，必須承認，這是沒有辦法完全避免的事。

怨言的內容有很多種，可能是對品質、包裝、交貨期的意見，也可能是由服務不周、安排不當、辦事效率低、有關條件差距過大引發。有些抱怨是合理的，當然也有不合理的，有些是因爲一時感情激動導致牢騷滿腹，有些則是爲了企業的聲譽而提出。

無論如何，千萬不要輕忽談判過程中聽到的怨言，若是不懂得及時處理，最後將演變成難以跨越、具強大殺傷力的障礙。

一般來說，處理怨言的原則如下：

- **切忌感情用事**

可想而知，對手在發出怨言甚至發怒時，情緒是非常激動的。此刻，他的心中充滿了不信任與不滿意，並且極度敏感，所以你絕對不能以牙還牙，感情用事。無論對方多麼激動，你都得要求自己冷靜以對，否則必定壞事。

- **耐心傾聽**

對方既然選擇發出怨言，就說明了內心有不滿，若置之不理，將成爲妨礙談判進行的最大危機。因此，應該儘量鼓勵傾吐眞實想法，讓他藉毫無保留的吐露發洩心中所有不滿，從而得到某種滿足與安慰。

- **不要輕易下結論**

在未證實對方說的話是否眞實，或者沒有搞清事實眞相之前，不要輕易下結論。即便對方的立論或陳述存在明顯謬誤，也應避免從正面直接批駁。

●立刻處理

務求養成聽見怨言立刻處理的習慣，這是轉禍爲福的重要原則。

若是碰上某些無法及時解決的問題，就要以坦白、誠懇的態度進行說明，使它變成促進雙方溝通的橋樑。

處理怨言的態度是否迅速，將直接對雙方的關係產生影響，千萬不可等閒視之，更不可以拖泥帶水。

●寬宏大量

寬宏大量的態度有助於讓雙邊貿易關係或商業往持續，即使於某方面損失了一些，也可以設法由日後的商務活動彌補。該讓步時就讓步，不要因小失大，爲一點小問題中斷彼此的往來，造成始料未及的不良影響。

● 將心比心

對待對方的怨言時，切記將心比心，實際從對方的立場去評估，而不要全部當成對自己的指責。

應當這樣告訴自己：事出必有因，既然有怨言，就代表某方面一定遇上了問題。即便微不足道，也要查出來。

對此，日本一家知名企業的營業部長曾說：「每一次遇到表示怨言的顧客，我都會提醒自己，對方之所以抱怨，是因為對公司的製品與營業狀況產生興趣，因此願意站在顧客的立場，提出自己的想法。」

「對於顧客的怨言，我向來都秉持虛心接受的態度，並設法從中得到一些訊息、學習一些東西。可以這樣說，能夠勇敢承擔並化解客戶的怨言，才能成爲一位合格的行銷談判者。」

● 不能簡單行事

即便想要反駁對方的怨言，也只能婉轉提出，並充分說明理由，做到通情達理。你必須認清一個道理：要使對方接受你的意見不是容易的事情，除了耐心，更需要展現出誠意。

與此同時，也要建立正確觀念，千萬不可爲了討好對方，輕易做出根本無力兌現的保證或承諾，否則將傷害信譽，造成更難解的糾紛。

態度冷靜才能將詭計看清

成功的談判者必須具備極強的自控與應變動能力，同時懂得在遭遇逆境或對手有意試探時保持冷靜，以抓住勝利。

商務談判絕對不是單純、簡單的商業活動，其中包含的內容與象徵的意義，遠比一般人所想像更爲複雜。

談判大師李森生曾說：「談判，對參與者來說，是能力與智力的競技。要想立於不敗之地，不僅應當具有商人的手腕和政治家的風度，還必須隨時看穿各種虛假的威脅和暗藏的計謀，果決地做出適當反應。」

一般說來，要完成一筆生意，至少需要進行三次會談。第一次會談的主要目的，在摸出對方公司的安排、公司目標，消費習慣，以及決策者。第二次會談時，要提出運用第一次會談中所得資訊制定的方案。第三次會談的最大目標，則在瞄準關鍵人物，重述自己的方案，以加深印象。

對此，李森生進一步解釋道：「別以為第一次會談的結果根本不重要，事實正好相反，沒有什麼比它更重要了。如果不能在第一次會談就打下穩固基礎，第二次會談根本無從展開。」

未來的客戶絕對不會把自己的情況、要求、喜好等資訊列成一覽表，自動地奉送給你，不過隨著談話進行，他們會無意地流露出許多重要訊息。想要成爲談判高手，你應該隨時攫取身邊的有用資訊。

有一回，李森生應邀前往義大利米蘭，針對未來可能展開的商務合作，與當地企業德蒙公司進行磋商。

於米蘭市國際商廈下榻的第二天，德蒙公司的請柬就由總經理的女秘書親自送抵，邀請李森生於當日下午前往，進行一次初步的會談。

收下請柬，簡單換洗準備，並大致於內心估算可能面對的情況後，李森生便招來一輛計程車，朝德蒙公司的總部出發。

出乎意料的事情發生了——會談的進行遠比想像更不順利。氣氛相當不好，許多名與會者姍姍來遲，一抵達便又說自己很忙，只能停留一下，十幾二十分鐘以後就得趕赴其他重要約會。狀況已經夠糟糕，不湊巧的是會議室的錄影機無法順利放映錄影帶，而德蒙公司的代表們竟連錄影機的管理者是誰都說不上來。

眼見情勢不利，李森生迅速掃視過全場，研判再繼續拖延下去對自己一點意義都沒有，當即站起身，朗聲向所有人說道：「這是不對的！我坐了十四個小時的飛機，千里迢迢從上海前來與貴公司進行商談，不該面對這樣的混亂狀況。我不願意慌張草率地決定任何生意，也不想再繼續浪費彼此的時間，今天就到此爲止吧！一切等貴公司準備妥當再談。」

「先生，請相信我，你並不會浪費時間。」突然，在座一位始終保持沉默的女士說話了，她介紹自己是銷售經理。「很抱歉造成困擾，從現在開始，我將代表德蒙公司做決定。」

對李森生來說，這是一項重大突破，因爲他成功找出了對方的負責人，知道了「焦點」所在。

果然，之後的談判進行得相當順利，很快就凝聚了一定共識。

回顧會談的進行，李森生最初受到十分冷漠的待遇，但他能控制自己的情緒，很快地抓住某些細節，冷靜且直接地向對方表明自己的失望，甚至輔以「最後通牒」，所以一舉扭轉劣勢，「逼」出眞正的決策者。

身爲知名的商務談判專家，李森生認爲，想要成爲一位百戰百勝的高手，除了必須適度讓身體與精神得到放鬆，保持最好狀態外，還必須注重內在素質、智能的培養。

因此，他始終致力於加強心理修養，對人對事保持樂觀心態，熱衷於參加社會活動，隨時隨地與不同類型的人進行互動。凡此種種，無不有效提高了對環境的適應力與抗壓性，幫助相當大。

李森生說：「一個人內在素質如何，自身水準的高低，都是影響談判的直接原因。要想獲得成功，除了需要一些技巧和方法外，還必須靠自己的積極努力，不斷提高自身內在素質。如此一來，才有辦法在大大小小的談判中處變不驚，自如應付。」

這番話點出談判者必須具備的一項重要素質——自控與應變能力。

談判過程很難步步順利，難免會發生意料外的狀況，遇上令人煩惱或不快的問題，甚至遭到對方的有意欺瞞，就如李森生的遭遇。想想，若談判者是一個脾氣暴躁的人，便極有可能因驟然爆發怒氣而破壞原有的冷靜；若是一個多愁善感的人，則可能鬱鬱寡歡，喪失鬥志，兩者都不足取。

成功的談判者必須具備極強的自控與應變動能力，同時懂得在遭遇逆境或對手有意試探時保持冷靜，審慎評估大局，巧妙地發揮言語威力，直搗核心，將計謀揭穿，抓住勝利。

PART 2

說服，從拉近心理距離開始

口口聲聲都是「我們」，
不僅表示排除了自我，
且能觸發聽眾對集體的歸屬意識，
即使厭惡被迫接受，也會不知不覺地軟化。

在合適的時機，說合適的話

提出建議，固然是一種真誠、熱情、友善的表現，但必須注意態度，並選擇合適的時機，採用委婉的語氣，才能避免傷害別人的自尊。

很多人失敗，並不是敗於實力不濟，而是不知道運用「語言」這項利器，不知道什麼時候該說什麼話。唯有細心研讀並靈活應用語言的魅力，具備良好的說話能力，才能增強自己的競爭力。

人人都愛面子，一方面極力維護自尊，一方面渴望被別人尊重。

交談中惡語傷人，會極大地傷害別人的面子；交際中冷落別人，也會使人感到失面子；批評時，把人批得體無完膚，談判時使對方無言以對，或處處感到被操縱，都會使人感到有失面子。

當人們感到失了面子時，便會固執己見，不肯退讓。在這種情形下，考慮的不再是問題的是與否，一心只想盡力維護自己的觀點。尤有甚者，會採取針鋒相對的辦法，使對方也同樣感到難堪。

多數英明的領導者都認同，表揚時應該大造輿論，讓更多人分享成功的喜悅，同時盡可能用書面形式如獎狀等，延長表揚的喜悅和影響。至於批評則正好相反，應該單獨進行，並且注意可能產生的副作用，盡可能消除對方不愉快的心理影響。

有一句話說：「假如你想表揚一個人，用書面；假如你想批評一個人，用電話。」正是給別人留面子的做法。

不在第三者面前，尤其不在集體或具有特殊意義的人面前，批評一個人。隨意在別人面前批評人，最容易造成傷害。如果被批評者也是個領導者，將會因此而降低威信。

當衆批評，有時還會引起其他人的不安全感，批評者會被認爲苛刻、缺乏同情心。比較合適的辦法，還是私下談話，以討論的形式說出意見，避免不必要的矛盾。

此外，若是時間與情況允許，可以把問題暫時擱置，待雙方都冷靜下來之後，再用「不經意提醒」的方式進行。

這種方式，可以避免不冷靜的批評，也可以減少對方因失誤產生的不安，避免影響其他環節的工作。

當談話使對方處於窘境時，應該給個台階下，這不是妥協，是爲談話和緩地結束創造條件。顧全面子的策略或者小藉口，誰也不會當眞，但在當下卻可能很有必要。

有損別人面子的事情一定不要做，有損別人面子的話也一定不要說。一不小心傷害了他人的自尊，不僅使人際關係惡化，而且可能帶來不可彌補的損失。

人的自尊心比金錢更重要。一個人失去金錢，尚可忍受，可自尊心受到傷害，絕不會善罷干休。

有時候，我們雖然不是刻意，卻可能因爲一句無心之話，或一時口快而傷害別人，爲自己樹立敵人。

一次年終總結會上，經理正說到興頭上：「經過各位的辛勤工作，今年本部門共創造了兩百六十萬美元的利潤……」

「錯了，錯了！」小孫冷不防打斷經理的報告，「這只是上半年的資料，實際上，我們全年的利潤總額，已經達到三百八十萬美元！」

經理滿面通紅，尷尬萬分，勉強地把報告做完，會議草草收場。

現實生活中，類似小孫這樣心直口快的人不在少數，每當看到別人有什麼過錯，或者有看不慣的地方，就急急忙忙提出來。儘管是出於一片好意，提出的意見也很有價值，但由於不注意場合，不考慮方式，往往讓人感到沒面子，不但達不到應有的效果，還會使聽者心存芥蒂。

如果那位經理有容人之量，自然不會把如此一件小事放在心上，可萬一碰上的是一個比較愛面子的人，必定會把這件事情認爲是對他的不敬與冒犯，小孫往後的處境就很尷尬了。

相信很多人都有過親身體驗，被人直接了當地指出不足之處，並要求改正時，雖然明知道他說的是正確的，心裡仍感到不痛快，嘴上也不服氣地反駁，甚至會爲了爭自己的面子，與之對衝。

由此可知，提出建議，固然是一種眞誠、熱情、友善的表現，但必須注意態度，並選擇合適的時機，採用委婉的語氣，以對方容易接受的方式表明自身觀點，才能避免傷害別人的自尊。

在合適的時機，說合適的話。透過友善溝通、婉轉批評與自我批評，維護提高雙方的自尊，才能達到成功的標準。

說服，從拉近心理距離開始

口口聲聲都是「我們」，不僅表示排除了自我，且能觸發聽眾對集體的歸屬意識，即使厭惡被迫接受，也會不知不覺地軟化。

兵法上講：「心戰爲上，兵戰爲下。」意思是說，攻心才是眞正的上策。說話猶如用兵，也要注重心理戰術，說話術中的「攻心爲上」，就是揣度對方的心理，突破對方的心防。

林肯曾經說過：「不論人們如何仇視我，只要肯給我一個說話的機會，我就可以把他說服。」

他之所以如此自信，就在於能夠巧妙地運用攻心爲上的說話術，拉近自己與聆聽者之間的心理距離。

「攻心為上」技巧的運用，在林肯競選總統成功的過程中，具有重要的作用。他以樸實富有情感的話語擊敗用語華麗、口若懸河的對手道格拉斯，贏得億萬選民的心，就連原來竭力反對他的人，聽了他的競選論辯後，也為他的真情感動，轉而投票表示支持。

第二次世界大戰時，一九四一年耶誕節前夕，邱吉爾去了一趟美國，希望說服美國人和英國人站在一起，立即加入對德戰爭中，以扭轉英國面臨的危險。可是當時不少美國人對英國人不抱好感，反對介入對德戰爭，為邱吉爾的說服工作增加了難度。

他不愧是著名的演說家，著手於攻心技巧的運用，用情感打動了美國人的心，終於使他們克服了對立的情緒，把英國人當成「自己人」，轉變態度支持政府援助英國，參加對德戰爭。

邱吉爾從兩國人民間共同的語言、共同的宗教信仰、共同的理想及長期的友誼入手，用「說英語的家庭，都應過一個和平安寧的耶誕節」，打動了美國人的心，使他們由反戰轉爲參戰。

除了「攻心」之外，要說出一番成功的論辯或者演說，除了造成聽衆心理與感情上的衝擊，更應該特別著重以下幾點，使表達更爲生動、強力且富彈性。

●強調要點，不重要的跳過

談話中，只對重要的字加強語氣，對其他字則匆匆跳過去。對整個句子也要這麼處理，以便讓一些重要的字眼得到突顯。

●改變聲調，高低交錯

與人交談時，語調不可一成不變，應該要有高有低。這種方式能令人感覺愉快，可以很自然地抓住聽衆的心。

●將「我」改成「我們」

說話時，反覆強調「我……如何」、「我……怎樣」，會令人有被迫接受的感覺，容易遭到厭惡或排斥。可想而知，聽眾會築起「自我的圍牆」，拒絕接受。與此相反，倘若說話者口口聲聲都是「我們」，不僅表示排除了自我，且能觸發聽眾對集體的歸屬意識。即使厭惡被迫接受，但在對方不斷施展「我們」的魔力下，態度也會不知不覺地軟化。

從心理學上來說，這種手法可巧妙地隱匿自我，消除聽眾的敵意，激起共同意識。此外，還可獲得兩重好處，一是在當下增強自我觀點的客觀性、普遍性；二是在事先推卸責任，在「我們」、「群眾」的保護下，逃避懲罰。

●調節說話的速度

平常與人交談時，我們時常會更改自己的說話速度。這種方式不僅令人聽了愉快、自然，不會有奇怪的感覺，而且具有強調的作用。事實上，這正是把某項要點強調出來的好方法。

•在要點前後稍微停頓

當你說到一項要點，希望在聽眾腦海中留下深刻印象時，應該傾身向前，直接望著對方的眼睛，但一句話也不要說。突然而來的沉默，其實和突然而來的嘈雜具有相同效果，能夠吸引人們的注意力。這樣做，將使每個人都提高注意力，警覺起來，注意傾聽談話者下一句要說些什麼。

只要抓住以上要點，就能拉近自己與聆聽者的心理距離，更能夠讓你說出的話更吸引人。

選對方法，就能說服對方

說服的目的，是借對方之力為己服務，而非壓倒對方，因此，一定要從感情深處著手征服。

只要仔細觀察那些辦事效率高的人，你很可能會發現，他們大都不是伶牙俐齒的人，相反的，還總是略帶羞澀，言語不多。

這是爲什麼呢？

道理其實很簡單，那些反應迅速、能言善辯的人，往往有個不好的習慣，就是會透過踐踏別人的自尊來表現自己的能力，在打擊別人的同時抬高自己。這種人的存在，會造成對合作不利的負面氣氛。

你是你自己世界的中心，同樣的，你的同事也是他自己王國的國王。他可能會對你感興趣，但這種興趣，很難與他尋求自我保護和對自己幸福的關心相比。如果你要想爭取別人的關注、友誼，甚至是和你一起工作，首先必須考慮到這一點。

想得到一個人的合作，必須從他的角度和觀點來觀察事物。什麼是他感興趣的？是否有他感興趣的事，會因合作而受到損害？如果從他那方面看，有明顯的異議，你準備採取什麼樣的措施來改變狀況？

與人交談時，要考慮好方法，談論對方關注的問題，同時使他與你共處於整個事物的中心位置。除了強調共同的利益之外，往往還必須採用說服手段，才能得到眞正的同意。

不少人有一種錯誤習慣，說服別人時，經常會先想好幾個理由，然後才去和對方辯論。還有些人喜歡站在長輩的立場上，以教訓的口吻指點別人該怎麼做。這樣一來，就等於先把對方推到錯誤的一方，效果往往不彰。

說服人的方法和技巧很多，以下幾種比較實用和簡便：

●用高尚的動機來激勵

一般情況下，每個人都崇尚高尚的道德，至少對於待人接物，有最基本的規範和認知。

所以，在說服他人轉變看法時，一個有效的辦法，就是用高尚的動機來加以激勵。比如說，這樣做將給國家、公司帶來什麼貢獻，或將給家庭、子女帶來什麼好處，或者對自身的威信有什麼正面影響……等等。

●用熱忱的感情來感化

說服一個人的時候，對方最擔心的是可能會受到的傷害，因此在思想上先砌上一道牆。面對此種情況，不管你怎麼講道理，他都聽不進去。

解決這種心態的最有效的辦法，就是用誠摯的態度、滿腔的熱情對待他，說服的時候，表現出情不自禁的感情，使他內心受到感動，進而改變態度。

•通過交換資訊促使改變

實踐證明，人抱持不同的意見，往往是由於掌握了不同的資訊。有些人學習不夠，對一些問題不理解；也有些人習慣於老的做法，對新的做法不了解；還有些人是聽了誤傳，因而對某些事情生出誤解。

在這種情況下，只要能把正確資訊傳遞出去，他就會覺察到自己的行爲並不像原來以爲的那麼正確，進而採納新主張。

•激發主動轉變的意願

想讓別人心甘情願地去做某件事，最有效的方法不是談你需要的，而是談他需要的，教他怎麼去得到。所以有人說：「撩起對方的急切意願，能做到這一點的，世人都與他同在。不能做到者，將孤獨終生。」

探察別人的觀點，並且在他心裡引起對某項事物迫切需要的願望，指的並不是操縱他，使他做只對你有利的某件事，而是要他做對他自己有利，同時又符合你的想法的事。

● 用間接的方式促使他轉變

說服人時，直接指出錯誤，對方常常會採取守勢，並竭力爲自己辯護。因此，最好用間接的方式讓他了解應改進的地方，從而自願轉變。

所謂間接的方法，包括了很多，例如把指責變爲關懷、用具體的比喻來加以規勸、避開實質問題談相關的事、談別人或自己的錯誤來啓發、用建議的方法提出問題……等等。

這需要根據實際情況的不同，創造性地加以運用。

● 提高對方的期望心理

被說服者是否接受意見，往往和他心目中對說服者的「期望」心理有關。說服者如果威望高，一貫言行可靠，或者平時和自己感情好，覺得可以信賴，被說服者自然比較願意接受，反之，就可能產生排斥心理。

步步為營，力求穩中求勝

說服需要一定的技巧。其中最重要的，是要依循一定的步驟，像行軍打仗一樣，步步為營，力求穩中求勝。

說服，需要一定的技巧。其中最重要的，是依循一定的步驟。

說服他人，應按照什麼樣的程式來進行呢？

概括起來，大致有以下四步驟：

- **吸引對方的注意和興趣**

想讓對方同意自己的觀點，首先應吸引勸說對象，將注意力集中到自己設定的話題上。利用「這樣做，你覺得如何」、「這對你來說，絕對有用」之類

的話吸引注意力，是不錯的方法。

爲了避免一開始便出師不利，以下幾個要點務必要掌握好：

1.留下良好的第一印象。

2.平時多留意自己的言談舉止，絕對要做到言行一致。

3.主動與周圍的人接觸，建立良好的人際關係。

4.再小的承諾也要履行，言出必行。

5.不撒謊——除了善意的白色謊言。

•明確表達自己的思想

具體說明想要表達的意思，比如「如此一來不是就大有改善了嗎」之類的話，更進一步深入，以便讓對方能夠充分理解。

明白、清楚的表達能力，是成功說服中不可缺少的要素。對方能否輕鬆地傾聽你的想法與計畫，取決於你如何巧妙地運用語言技巧。

爲了讓描述更加生動，在說服過程中，少不了要引用一些比喻、舉例，以加深聽者的印象。

適當地引用比喻和實例，能使人產生具體印象，讓抽象晦澀的道理變得簡單易懂，甚至使你的主題變成更明確或爲人熟知的事物。如此一來，必然能夠順利地讓對方在腦海裡產生出鮮明印象。

說話速度的快慢、聲音的大小、語調的高低、停頓的長短、口齒的清晰度……凡此種種，都不能忽視。

除了語言，最好同時以適當的表情和肢體語言來輔助，加強說服的力度。

●動之以情

透過你的說服內容，了解對方對這個話題是否喜好、是否滿足，再順勢動之以情，或誘之以利，不斷刺激他的欲望，直到躍躍欲試爲止。

說服前，最好能夠準確地揣摩出對方的心理，才能夠打動人心，例如他在想什麼？他慣用的行爲模式爲何？現在他想要做什麼……等等。

一般而言，人的思維行動都由意識控制，儘管受到他人和外界強烈的建議或強迫，也不見得能使其改變。

想要以口才服人，必須意識到說服的主角不是你，而是對方。

也就是說，說服的目的，是藉對方之力爲己服務，而非壓倒對方，因此，一定要從感情深處著手。

●提示具體做法

在前面的準備工作做好之後，就可以告訴對方，該如何付諸行動了。你必須讓他明瞭，應該做什麼、做到何種程度最好……等等。到了這一步，他往往會痛快地按照你的指示去做。

說服需要一定的技巧。其中最重要的，是要依循一定的步驟，像行軍打仗一樣，步步爲營，力求穩中求勝。

給別人台階下，才能避免尷尬

不但要儘量避免不慎造成別人下不了台的情況，而且要學會在他人可能不好下台時，巧妙地提供「台階」。

順著台階，才能往下走。給別人下台階，才能避免尷尬。

身在社交場合，每個人都必須展現在別人面前，因此無不格外注意自身社交形象的塑造，並且表現出較平時更爲強烈的自尊心和虛榮心。

在社交活動中，適時地爲陷入尷尬境地者提供恰當的「台階」，使他免失面子，是處世的一大原則，也是爲人的一種美德。這不僅能使你獲得對方的好感，也有助於樹立良好的社交形象。

不過，提供台「階時」，有幾點需要注意：

• 不露聲色

既能使當事者體面地走出窘境，又儘量不使在場的旁人覺察，這才是最巧妙的「台階」。

• 巧用幽默語言

幽默是人與人交往的潤滑劑，一句幽默的話語，往往能使雙方在笑聲中相互諒解和愉悅。

• 盡可能為對方挽回面子

當遇到意外情況，使人陷入尷尬境地時，提供「台階」的同時，如能採取一些相應的措施，及時挽回對方的面子，甚至再增添一些光彩，自是最好不過。

至於下列社交失誤，足以使人感到難堪，一定要避免：

• 揭對方的錯處或隱處

在交際中，如果不是爲了某種特殊需要，一般應儘量避免觸及對方忌諱的敏感區，避免使人當衆出醜。

一家人來人往的大酒店中，一位賓客吃完最後一道茶點，順手把精美的景泰藍筷子放入自己的西裝內袋裡。

服務小姐見狀，不動聲色地迎上前去，雙手擎著一只裝有景泰藍筷子的綢面小匣子說：「我發現先生在用餐時，對景泰藍筷子愛不釋手，頗為賞識。為了表達感激，經主管批准，我代表酒店，將這雙圖案最為精美、經過嚴格消毒處理的景泰藍筷子奉上，並以最優惠價格記在您的帳單上，您看好嗎？」

那位賓客當然明白這些話的弦外之音，表示了謝意之後，連說自己多喝了兩杯，頭腦有點發暈，誤將筷子放入衣袋裡，聰明地藉此「台階」說：「當然是消毒過的更好，我就『以舊換新』吧！」說著，取出衣袋裡的筷子，客氣地放回餐桌上，接過小匣，不失風度地向櫃檯結帳去。

• 張揚對方的失誤

在社交場合中，誰都可能不小心發生小失誤，比如念錯字、講了外行話、記錯別人的姓名或職務、禮節失當……等等。

發現別人出現這類情況時，只要無關大局，就不必大加張揚，使本來可以被忽視的小過失一下變得顯眼。尤其更不可抱著譏諷的態度小題大作，拿人家的失誤在眾人面前取樂。

這樣做只能換得一時的開心，隨後必將因小失大，不僅會使對方難堪，傷害他的自尊心，也不利於你自己的社交形象，容易使別人覺得你爲人刻薄，在今後的交往中敬而遠之、產生戒心。

●讓對方敗得太慘

爲人處事，就像下棋，只有那些閱歷不深的小毛頭，才會一口氣贏個七八盤，贏到別人漲紅了臉、抬不起頭，還在一個勁兒喊「將軍」。

社交中，常會進行一些帶有比賽性、競爭性的活動。儘管最終目的在娛樂，但大家還是免不了希望成爲勝利者，這是人之常情。

有經驗的社交者，在自己實力雄厚、絕對足以取勝的情況下，多半會刻意留一手，非但不使對方輸得很慘、狼狽不堪，甚至還可能有意地讓人勝一兩局。如此一來，既不妨礙自己在總體上的獲勝，又不使對手太失面子。

不但要儘量避免因自己的不慎，造成別人下不了台的情況，而且要學會在他人可能不好下台時，巧妙及時地提供一個「台階」。學會這個技巧，對口才、待人接物能力的提升，將有明顯幫助。

在競爭越來越激烈的商業社會，說話能力決定一個人的競爭力，因此你既必須洞悉處世心理學，也必須增強自己的表達能力。

每個人都喜歡聽好聽的話，想要脫穎而出，與別人互動的過程中，如何照顧別人的心理，如何把話說進別人的心坎裡，絕對是必修的學分。

食言而肥，就沒有第二次機會

不準備兌現的輕率承諾無異於騙局，一旦食言，將會令你信用掃地。承諾，絕對不能當兒戲。

最失敗、最不受同情的，就是言而無信的人。

需要幫助的時候，又是保證又是承諾，好話一籮筐，說服大家紛紛效命，可一等事情結束就開始毀諾，把說過的話全忘光。這樣的人，必定失去人心，將來不管再碰到怎樣的困境，都不會有人同情，更別說是伸出援手了。

無論是什麼人，都不能輕易許諾，更不能輕易毀諾。許下的諾言不能實現，必將導致人際交往的失敗。

輕易對別人許諾，表示根本就沒有考慮過自己的能力，以及實現過程中可能遇到的種種困難，徒然給人留下「不守信用」的壞印象。

許諾越多，問題越多。所以，「輕諾」的結果必然是「寡信」。有幾分把握就該做幾分承諾，千萬不可開空頭支票。

不把話說得過滿，是一種分寸。

商務交際中，信守承諾是贏得信譽的最基本準則。

一般來說，對於正式場合的承諾，如簽字或協議，很少有人自食其言，往往能採取嚴肅認眞的態度竭力兌現。然而，對於另一種承諾——口頭承諾，看待態度就各有不同了。

有些人對口頭承諾的認識不足，每每輕率承諾，事後又不盡力兌現，以至造成不良的後果。

一七九三年三月，拿破崙偕同新婚妻子參觀了盧森堡的一所學校，受到校方的熱情款待。

拿破崙夫婦很受感動，當場送給校長一束價值三個金路易的玫瑰花，並說：「只要我們的法蘭西還存在一天，每年的今天，我都將派人送給貴校一束價值相等的玫瑰花。」

然而時過境遷，由於各種原因，這位偉人最終沒能兌現自己的諾言。兩百年後的一九八四年，盧森堡政府重提舊事，向法國提出索賠，索要的利息高達一百四十萬法郎。

法國政府實在不甘為一句話付出如此高昂的代價，但為了挽回拿破崙的聲譽，只得發出委婉的道歉書，才算了結了這「千金一諾」。

由此可見，對於口頭承諾採取輕率的態度，是十分不明智的。它雖然沒有字據為憑，但卻以人格為擔保。不了解這一點，把口頭承諾當成一般的應酬，或當做好聽的話取悅於人，必將自食苦果。

口頭承諾一旦說出，就變成一種義不容辭的責任，兌現諾言的努力是取信於人的關鍵，具有重要意義。

要做到言必行、行必果，應該從兩個方面著手：

• 切忌信口開河

應該謹慎地注意自己的一言一行，特別要注意把握說話的尺度和準則，對於沒有把握做到的事情，不可做出輕率的承諾。

• 一諾千金，切忌食言

「食言」是大忌。一旦犯下這種錯誤，未來將很難再取信於人。應該慎言慎行，儘量少承諾，一旦承諾，則言出必行。若真的無法實現，應及時且主動地承認錯誤。

重要的正式交際活動忌食言，即使只是一般的日常交往中的口頭承諾，同樣也應採取慎重、嚴肅且負責的態度。

不準備兌現的輕率承諾，無異於騙局，一旦食言，必會令你信用掃地。切記，口頭承諾絕不能當兒戲。

給別人面子，替自己留下退路

多個朋友就多條路，多個敵人就多堵牆。給別人面子，能贏得友誼、理解和發展，化干戈為玉帛。

眞正的聰明人，在與人交往的過程中，必定做到說話辦事有理有據、有禮有節，掌握分寸，絕對不把話說死、說絕，說得連自己都毫無退路可走。

人人都有自尊心和虛榮感，甚至連乞丐都不受嗟來之食，因爲那太傷自尊，太沒面子。更何況今天雙方還是地位相當、平起平坐的同事呢？

身在職場中，縱使再難相處的同事犯了錯，也千萬爲他保留面子，別輕易毀掉彼此的交情。

保留他人的面子，是一個很重要的問題。其實，這並不是一件多困難的事情，往往只要多考慮幾分鐘，多講幾句關心人的話，多爲他人設身處地著想，就可以緩和或者避免許多不愉快。

《聖經．馬太福音》中有句話：「你希望別人怎樣對待你，就應該怎樣對待別人。」被大多數西方人，視爲待人接物的黃金準則。

眞正有遠見的人，不僅要在與別人的日常交往中，爲自己累積最大限度的人緣，同時也會給對方留下相當大的轉圜餘地。

給別人留面子，其實也就是給自己留面子。

言談交往中，少用那些「絕對肯定」或感情色彩太強烈的語言，適當使用「可能」、「也許」、「我試試看」和感情色彩不強烈、褒貶意義不太明確的中性詞，更能讓自己遊刃有餘，爲他人留下餘地。

試想，如果某一個早晨，你滿懷熱情地進辦公室，竟發現人人對你視若無睹，誰都不願主動與你說話，接下來的一天，還能有心情好好工作嗎？

當然沒有！因為你只想知道：這是為什麼？

不妨想想，當大家難得聚在一起聊天的時候，你是否仍然自命清高地做自己的工作，不願意參與其中，開一些無傷大雅的玩笑，或談些家務瑣事？

你是否曾很不厚道地把同事告訴你的話，轉告給上司？

當同事在你面前有意無意地表現自己有多能幹，多受上司的信任時，你是否從不稱讚、祝賀，總是顯出一副不以為然、頗為嫉妒的樣子？

你若不先給人面子，別人必定會以冷漠回應。

生活中，多個朋友等於多條路，多個敵人就是多堵牆，這個道理，放諸四海皆準。若不能團結週遭眾人，寸步難行的，無疑是自己。

沒有人喜歡平白無故挨耳光，同理，也沒有人會毫無理由地拒他人的好意於千里之外。給別人面子，就能贏得友誼、理解和發展，化干戈為玉帛。

PART 3

換個說法，就可以改變對方的想法

引導想法的說話方法，
對於任何誤以為自己有許多毛病的人，
通常都相當適用，
可有效解除心理上的困境。

扭轉地位，撤除對方的防備

如果上位者能主動且不露痕跡地和下屬親近，便能突破兩者之間立場上的懸殊，一掃心理上的隔閡。

爲人上司，往往只要說一句聽來極平淡的話，就足以激起部屬們的雄心和興趣。相反的，也可能因一句帶命令式的言語，使員工們懶洋洋、無精打采。

「麻煩你做這件事，好不好！」

「你去做這件事！」

兩種不同的口吻，所產生的後果將截然不同。

一位職員升爲課長、主任、經理，或其他更高的職位以後，多半會在不知不覺當中改變自己說話的口吻，似乎不這樣便不足以表現自己的新身份。

事實上，如能捨棄語言具有的身份表徵功能，不做作、不驕矜，不僅會受到更多尊敬，同時將更容易領導部屬，使員工們投入工作。

某一年，美國田納西州州長選舉，有兄弟二人同時出馬角逐。

哥哥的親民工作非常到家，親吻孩童、攙扶老人，並且特地製作了許多日曆和扇子送給選民，大家都稱讚他是個充滿愛心的候選人。

弟弟則與他完全相反，沒有優雅的姿態和親民的舉動，卻有一個特殊習慣，在公眾場合演說時，總會先在口袋裡一陣掏摸，然後伸手向群眾說：「誰有香煙？請給我一支抽抽。」

想不到最後竟然是弟弟當選了，而且得到壓倒性的勝利。

原因何在？那是因爲選民們有了個錯覺：「他有求於我呢！」這位政治家經常忘了帶香煙，自己則有能力幫助他，因此贏得選民的熱烈支持。

社會地位越低下，心理上的自卑感也越濃厚。

如果上位者能主動且不露痕跡地和下屬親近，便能補償自卑的意識，很快地突破兩者之間立場上的懸殊，一掃心理上的隔閡。

因此，「官僚式」口吻往往見於惡化的群體關係當中，成了阻礙人際關係發展的障礙。持這種態度的上司，往往容易招來部屬的反抗，導致命令無法貫徹。唯有扭轉口吻，視對方爲與自己身份相同者，才能順利跨越上司和部屬之間那道看不見的鴻溝。

舉例來說，身爲上司，在要求部屬執行命令時，不妨這麼說：「不好意思，有件事拜託你。」

即使是經常唱反調的員工，遇到如此場面，多半都會欣然同意。

將對方濃濃的自卑感轉化爲優越意識，他的內心一定會自鳴得意，做起事來自然幹勁十足，這就是語言的效果。

「疑問句」的效力，更勝於命令

疑問句可以用來引導部屬們的判斷力，巧用疑問句能給予對方軟性衝擊，加強期望狀態，從而願意主動加速進行某件工作。

作家柯立芝曾經這麼說：「言語是人類心智的軍火庫，藏著以往的戰利品，更藏著征服未來的武器。」

想要說服別人按照自己的意思去做，嚴格講起來，一點都不困難，問題就在於，你是否讀懂對方的心思，是否站在對方的立場著想。

同樣一件事，用兩種不同的話語表達，最後的結果往往南轅北轍。

如果你可以在言談間看穿對方正在想什麼，便可以輕鬆地站在對方的角度說出他最能欣然接受的話。

日本天皇御用攝影師熊谷辰夫，說過一則有關皇妃美智子的故事，顯示出她相當懂得語言的心理戰，能巧妙運用「疑問式比命令式」原則。

有一天，熊谷辰夫奉命進宮替皇太子浩宮拍照，攝取彈琴的鏡頭。可是由於場地太小，浩宮彈得又快，再加上全是高音階，效果非常不好。

如果雙手能移向低音階彈奏，取景便會方便許多。

他為這件事大傷腦筋，卻又不便啟口，此時，美智子會意地說：「浩宮，你試著彈彈低音階，看看會不會更好聽？」

當皇太子將雙手移向低音鍵的那一剎那，熊谷辰夫把握了這難得的好機會，按下快門，成功拍出一張很具效果的照片。

美智子不用「彈低音」的命令口吻，而改用疑問的語氣，證明了她是一位精通兒童心理學的皇妃，能用最富技巧的方式說話。

心理學家普遍認爲，希望孩子們聽話，採用對話的方式，效果往往不會太顯著；如改用命令口氣，雖然能夠達到預期的效果，但因強制性太重，常會使孩子們失去自發自動精神，因此採用疑問句是最佳選擇。

這種情形，當然不僅限於孩子，在工作中，疑問句更可以用來引導部屬們的判斷力，促使奮發振作。

「如果選擇這麼做，結果會如何呢？」巧用疑問能給予對方軟性衝擊，加強期望狀態，從而願意主動加速進行某件工作。

當然，想要利用這種方法，必須以了解對方個性和當時的心理狀態爲前提，否則將可能適得其反。

以自責代替斥責

責人時引出自責，往往會收到更佳的效果。同時也要注意切莫帶有諷刺意味，否則只會帶來反效果。

錯誤或衝突造成以後，與其譴責對方，不如以自責的態度來處理事情，更容易讓對方自我反省。

日本名評論家丸岡秀子曾在雜誌上發表過《連繫內心的話》一文，其中有如下一段，值得再三玩味：

丸岡小時候，在學校裡做錯了一件事，被級任老師狠狠地責罵了一頓，末尾還加了一句：「唉！我恐怕教不了這個孩子！」

這件事一直讓她記憶到今日，造成非常深遠的影響。

那位教師把過錯歸咎在自己的「能力」不足，所以對丸岡秀子產生了一輩子的影響。日後她在教訓自己的子女、學生時，總是自責似地說：「我不能把你們教成這樣的孩子哪！」

用自責代替斥責，往往會收到更佳的效果。

這種自責方式，可以廣泛地用在人際關係上。

妻子不希望丈夫喝酒，與其叨嘮不休，大可以說：「我實在不希望讓自己的丈夫成爲酒鬼。」

對於工作不力的部屬，主管也可以對他們說：「一定是我指導無方，要不然你們怎麼會這樣！」

這種方式可讓人自我反省，但同時也要注意切莫帶有諷刺意味，否則只會使狀況惡化，帶來反效果。

活用數字，就能增加可信度

「語言的尾數」本身就是最善、最美、最真的廣告。儘量不要以整數概略言之，將能提高真實感，接收者才有考慮與注意的可能。

由數字產生的效應，稱爲「感光效果」。

「感光效果」因人而異，先了解對方信賴什麼，然後運用你們的言談之中，就能活用說話術，把話說進對方的心坎裡。

在日本，有位藥房老闆到太陽銀行請求貸款，申請單上填了「九十一萬元」。經理土田正男是企業調查的行家，立刻注意到一萬元的尾數。

他問：「這位老闆，爲什麼不貸款一百萬或九十萬元呢？」

「只要九十一萬就好。九十萬不夠，一百萬多了點，貸款過多需要負擔不必要的利息。這個數目銀行不會不方便吧？」

「不會！不會！」就因爲這「一」萬元的尾數，取得了銀行的信任，經理立刻蓋上「照准」的大印。

比起整數的九十萬或是一百萬，多了個尾數的九十「一」，正是增強他人信任度的關鍵技巧。

風行歐美的象牙香皂以「九十九．四四%純度」做廣告，不附和同類產品的「絕對純度」，小心且謹慎地誇張自己，卻增加更多的眞實性。

對於小數點，人們一向不重視它的價值，但在數字後面添加尾數，如上述的九十九．「四四」，卻能給人一定經過嚴密科學分析與檢驗的錯覺。

大眾傳播媒體專家普亞斯汀說：「製造印象和錯覺的首要條件，要能『以假亂真』，讓每個人都以為是『真』的。最大要訣，是著眼於使『對方容易相信』的觀點著手。」

「語言的尾數」本身就是最善、最美、最眞的廣告。儘量不要以整數概略言之，將能提高眞實感，接收者才有考慮與注意的可能，否則，無論辭藻再美、語氣再誇大，都難以達到預期的目的。

利用數字確實能夠增加可信度，有許多人就相當信任數字情報。

英國政治學家迪斯萊利曾有一句名言：「謊言分為三種，單純謊言，令人討厭的謊言，以及統計數字。」

在謊言中加上統計數字，能有效提高可信度，使對方深信不疑。有許多人在公衆演說當中，爲了不使聽衆對於演講內容感到懷疑，會像眞有那麼一回事一樣，列舉一連串數字作爲補充說明。

果然不出所料，原本昏昏欲睡的聽衆都不再打瞌睡，而且聽得入神。

因此，若在爭論中也插入幾個有事實根據的統計數字，一定會提高說服力。

換個說法，就可以改變對方的想法

引導想法的說話方法，對於任何誤以為自己有許多毛病的人，通常都相當適用，可有效解除心理上的困境。

語言專家貝爾曾經寫道：「一句話往往再加上幾個字，就可以讓別人原本不想聽的話，變成別人願意聽的話。」

說服別人其實沒什麼特別的秘訣，就看你是否懂得站在對方立場看問題，是否懂得站在對方角度說話，然後在話語之中改變對方的想法。

想要提昇自己的處世競爭力，說話辦事一定要講究策略和技巧；只要換個說法，你就會恍然發現，說服別人其實沒那麼困難。

換個說法，往往能改變對方原本的想法。

「我是……」這個口頭禪，可能隱伏著很多意外的陷阱，容易令人誤會這個人本身有很多缺點。

例如，如果你說：「我是個口吃的人。」別人就會認定你經常口吃。這個錯覺產生之後，包括你自己在內，每個人都在下意識裡肯定：這個人有口吃的毛病，在任何場合都會口吃。

日本口才專家齋藤津子，試圖矯正一位印尼僑生口吃以前，和他先做了兩小時的促膝長談。結束之前，她對他說：「你知道嗎？其實你並沒有口吃的毛病，根本用不著矯正。」

僑生聞言大感意外，一時之間不知做何反應，只愣愣地看著她。

「你只是在發破裂音和摩擦音之時比較不順暢，所以重複了幾次而已，那不能算是口吃！」

「但我眞的是個有口吃毛病的人。」

「沒這種事，你眞的多心了，只要在有空的時候多花點時間練習這兩種音，就可以改善了。」

這位年輕人非常高興，陰霾與煩惱全都拋到九霄雲外，逢人便說「我不是口吃者」，人生觀因而完全改變。

這案例點出一個事實，語言不是全能的，它並不能表達思想的全部，有時連完整的事實也難以勝任。

有些年輕朋友總是說：「我在陌生的環境裡就會臉紅。」如果應用齋藤津子的方法，那麼可以試著告訴他：「你只是在遇到長輩或初次見面的陌生人時，才會由於惶恐不安而臉紅。」他自己則應該改口這麼說：「有時我會臉紅……」或者更詳細一點說：「在人多的地方或是跟長輩說話時，我會臉紅。」

這種引導想法的說話方法，對於任何誤以爲自己有許多毛病的人，通常都相當適用，可有效解除心理上的困境。

二值問題助人脫離困境

成功運用「二值思考」，在單純的兩個問題間，誘導接收訊息者，引導思考路線，迫使對方必須做出唯「一」的抉擇。

陷入絕望與可能失敗的處境時，人必須決定究竟是要選擇「堅持到底」，還是「就此死心」。

這時，拋出二值問題，無疑是讓自己得到脫離絕望的機會。

有位叫作史汀普斯的人，在十多年前有過一個新創意。

史汀普斯原本在棒球場附近販賣各種冷飲，但每當夏天的腳步一走，便很難維持生意，生活頓失經濟依靠。

這一年，他靈機一動，把一張紙分成兩半，貼在欄杆上，一半寫著「夏天已逝，本店冷飲部結束」，另外一半則寫著「冬天已然來臨，本鋪熱飲部即將開張，敬請期待」。

然後他準備了大量的三明治、熱咖啡、麵包、熱湯等等，果然受到顧客的歡迎。沒過幾年，史汀普斯成了富翁。

這是成功運用「二値思考」的典型案例，語意蘊藏不易被人察覺的唆使意味，在單純的兩個問題間，誘導接收訊息者，引導思考路線，迫使對方必須在正邪、是非、善惡之間做出唯「一」的抉擇。

正因爲它是單純的，且不容逃避，反而將人從絕望中拯救出來。當處於生死關頭，爲了活命，人只有在「奮戰」與「逃避」之間做出明智的抉擇。

誰都不願意選擇失敗，所以會說：「那好吧，我再試一次！」因而能夠從絕望中站起來，東山再起。

別讓話題被抽象的思考限制

始終停留在固執的爭論中，不僅無法順利打開僵局，還讓彼此都迷思在抽象的思考當中，無法跳出巢臼。

有時候，人與人會對於某個問題糾纏不清，在彼此均陷入窘境又不能馬上中斷時，岔開話題便是最上策。

使用較抽象的話語，較容易岔開話題，或另啓爭論。

譬如一位汽車推銷員發生了車禍，他必會想盡辦法利用各種外行人聽不懂的詞彙來解釋原因，試圖蒙蔽旁觀者。

由於專門術語只有具備專門知識者才懂個中三昧，因此應用以提高抽象度是岔開話題的好方法，很容易取得辯論中的優勢，獲得最後的勝利。

始終停留在固執的爭論中，不僅無法順利打開僵局，還可能使彼此都迷失在抽象的思考當中，無法跳出巢臼。

看看以下這段對話：

「剛才聽了您的演說，佩服之至，可否請教一個問題？」

「請說！」

「何謂人道主義？」

「固守做人本分。」

「何謂固守做人本分？能否請您具體加以說明？」

「就是神給予人的資質。」

「例如什麼呢？」

「理性就是最好的比喻。」

「理性又是什麼呢？」

「理性是和感情相反的東西。」

「這麼說，擁護理性的人，就不該有感情了。」

「不可以這麼說，人應該兼具感情和理性。」

如此無益地爭辯下去，何時方休？

人道主義、神、理性、感情等字眼往往最難定義，一味以抽象語解釋抽象語，豈不是更加抽象？

「外在實證可能性」的功用，便是避免始終在「文字遊戲」裡兜圈子，這也是「純粹數學」和哲學性的詞句難以博得一般人贊同的原因。

如何有效打破爭論的圈套？以下提供個例子：

前幾年，日本發生震驚全球的聯合赤軍血案。聯合赤軍首領森恆夫被緝捕歸案後，負責偵訊的員警卻很有自知之明地說：「森恆夫是一個革命理論家，如果純以理論和他辯駁，實在無法取勝，倒不如就事論事，採用開門見山、單刀直入的方法，說不定會有更好的效果。」

果然，這位老牌員警成功讓森恆夫俯首認罪。他一開始就避免引用難解的理論，儘量使用具體的詞彙，把焦點引到現實當中，即使對方心堅如鐵，也無話可說，只有坦然承認。

意識論學者雅克教授說過一段話：「抽象度的檢定，並不是以高或低來衡量，須視它能否適用於更低的水準。例如，『美國菜的做法』這句話還是太含糊，仍應再稍微降低抽象度才更容易被人接受，不妨說『美國的家常菜做法』、『美國的西餐做法』……」

由這些話看來，若要避免掉入抽象爭論的迷團裡，只有儘量使用具體的話，同時注意，即使說出抽象度較低的話，也必須能夠與現實以及日常生活上的種種問題連結起來，互相印證，才能收到期望的效果。

轉換立場，就不必爭吵

比起一味地加諸觀念或斥責，把對方導引至第三者的立場，有技巧地說話，將更具成效。

很多人圖用爭論的方式說服別人。

事實上，這是不可能的事。

想以雄辯、說理使對方信服並不容易，尤其是以「自己的意見、對方的反對意見、自己的反對意見、對方的反對意見」模式進行爭論，更會加深彼此之間的對立僵持，並招致更多更有力的反駁。

千萬記住，立場對立時不宜爭論。此時，只有把對方導引至第三者的立場，才能收到正向效果。

譬如勸導一名不良少年，如果選擇直接和他爭論，態度立場針鋒相對，除了加深反感，不會有什麼作用，要是打罵他，將使狀況更糟。

此時，不妨提出另外一名不良少年說：「那個孩子太不像話了，天天惹他的父母傷心，你有機會勸勸他吧！」

這當然是虛晃一招，目的還是要他自己勸自己，即使被他看穿你的眞正意圖，也是激起良知的一種好方法。

眞正的獲勝者，是使對方能眞正採納自己意見的一方。

類似勸服不良少年的例子，不妨在實際生活中找機會應用，比起一味地加諸觀念或斥責，有技巧地說話方式將更具成效。

PART 4

站在對方的角度，活用說話藝術

有些顧客確實無購買能力，
有些卻是想進行討價還價，
推銷員一定要仔細分析其真正原因，加以擊破！

站在對方的角度，活用說話藝術

有些顧客確實無購買能力，有些卻是想進行討價還價，推銷員一定要仔細分析其真正原因，加以擊破！

在推銷過程中，推銷員往往會聽到顧客說出這樣的話：「哎呀！這東西價格太高了，我們買不起。」

如果此時推銷員回答「不會啦！這怎麼會貴呢？就它的性能來說算是便宜的啦」，或「您覺得價格太高是嗎？我們可以商量看看，或許您可向銀行貸款，或利用分期付款來購買」……等言辭，絕對是最不理想的應對方法。

一股勁地訴說「費用不高」的理由，也是不明智的應對。

這時候，應該以如下的言辭來說服對方：

「您說得不錯，一下子要您拿出這麼大一筆錢來，的確是沉重的負擔，但是您想想看，這種東西不是用一、兩年就會壞的，只要使用方法正確，用個十年應該沒有問題。我們不要說十年，就以五年來算，則一年只要花一千兩百元，再除以十二個月，每月只需要一百元，換言之，每天只要三元而以。」

「老闆！您抽的是什麼牌子的香煙呢？這三元也不過是您每天抽一、兩支煙的錢，算起來很便宜不是嗎？如果您冬天也繼續做生意的話，那麼，不到一年就賺回本錢，接下來就是純利了。」

先贊同對方的說法，再將費用化整爲零，讓顧客感覺其實商品的價格並不貴。破除了這項疑慮後，再提出產品的優點，自然水到渠成。

以下的說法，也可以適時運用：

「先生，你別想得太嚴重，一天只花兩元，就好像買糖果、玩具那樣，或是用你抽根煙、喝喝咖啡的心情來買這個商品就行了。您也知道，現在喝一杯咖啡要花幾十元，假如稍微節省一下，就可買這商品了，一天只要花兩元。」

「花一點點的錢，就可以使你可愛的寶寶的腦細胞順利地發育，並且成為聰明的孩子，以後考上好學校，非常值得啊！」

「假如您要到書店去找這種書，一定不知道應該買哪一本，才會對自己的孩子有幫助，所以買回家的都是一些普通書刊。因此，您更應該選擇這本經過很多教育專家花費好幾年的功夫才編出的《學習百科事典》，這對您的孩子會有很大的幫助。」

「家庭教育好壞，可能會使孩子成為一個天才，也可能變成一個壞孩子。普通書刊與有關教育方面的書籍的性質是不一樣的，如果您要買的話，應該買由教育家經過研究而寫出來的好書，對於孩子們的身心成長以及課業方面才有幫助，您認為呢？」

「請聽我說幾句話，反正半年後或者一年後總要買這本書，同樣是要買，那麼早一點買，對您的孩子而言更有利。相反的，如果以後絕對不買這種書，當然我就沒什麼話好說了。不過，如果今後一定要買，就請您早一點買，如此幫助必定更大、更明顯。」

有時，顧客之所以認爲某種產品太貴了，就是因爲對價格產生了疑慮，它表現在顧客以資金困難或沒錢爲理由而設置的推銷障礙，可能是「我想要一件，可我現在沒有那麼多錢」、「分期付款可以考慮」、「如果能再便宜一點，我就買……」等等。

這種異議有眞實和虛假之分，有的顧客確實無購買能力，有的在以此進行討價還價，還有一些以此爲藉口拒絕推銷。

遇到財力異議的障礙，推銷員一定要仔細分析眞正原因，加以擊破！不能因爲「沒錢」就一下子洩了氣，想著：「唉，沒錢，不用再費口舌，算了吧！」從而輕而易舉地放棄推銷。

看看下面的例子：

「不好意思，我們目前沒有錢，等我有錢再買。」

雖被拒絕，但這位推銷員看到女主人懷裡抱著一隻名貴的狗，計上心來。

「您養的這小狗真可愛，一看就知道是很名貴的品種。」

「是呀！」

「您一定在牠身上花了不少錢和精力吧！」

「沒錯。」女主人開始眉飛色舞地向推銷員介紹自己為這條狗所投入的金錢和精力，且一臉得意。

「那當然，這不是一般階層能做到的，就像這化妝品，價錢比較貴，所以使用它的女士都是高收入、高社會地位的。」

一句話切入重點，說得女主人再也不能以沒錢爲藉口，反而非常高興地買下了一套化妝品。

商業上，進行說服的最終目的都在完成交易，但不能「強迫購買」，而要巧妙運用說話藝術，讓對方心甘情願成爲自己的客戶。

讓自己的話語，充滿吸引力

語言推銷固然重要，動作推銷也不可忽略。所以，語言推銷應和動作推銷互相搭配，配合對象和狀況調整。

生產的目的，就是要把產品銷售出去。

不同的商店，在不同的時間內，因爲選定的目標市場和銷售對象不同，需製造的形象和採取的活動也不同。

然而，任何成功的推銷，都離不開推銷語言藝術。以下提供三點：

・激發情趣

客人來飯店消費，是爲了獲得物質和精神享受。服務員的推銷語言，一定要能夠引發情趣，才能達到促銷的目的。

如果服務員一問三不知，就無法引起客人消費的興趣，要是能透過平時的知識積累，採用有較濃藝術味的敘述，吸引客人，引發情趣，鼓勵了對方的消費慾望，以達到推銷的目的。

推銷必須具專業，富知識。如果一個餐廳服務員對餐飲部的有關狀況，本部門有哪幾類餐廳，當天廚房有哪些新菜式供應等都一無所知，或知之不詳不確，就很難做好服務工作。

一位朋友就說過這樣一段就餐經歷：他想換換口味，走進一家地方風味餐廳，服務員斟茶遞巾，非常熱情。

朋友開口問：「今天有什麼新菜？」

服務員指著菜譜：「我們提供的菜都寫在這上面了，您要點什麼？」

朋友聽了很失望，頓感興致全無，最後，只有隨便點了幾樣菜了事。因爲服務員失敗的推銷語言，使餐廳失去了一次很好的機會。

‧刺激慾望

推銷語言一定要突出要點，這個「要點」就是最有吸引力的語言，它是商品的「重點」，能刺激客人消費的慾望。

如果一個服務員問客人：「您喜歡飲料嗎？」這個問題可能從客人那裡得到否定的回答。

與此相反的，服務員應該問：「我們有椰汁、芒果汁、雪碧和可口可樂，您喜歡哪一種？」

服務員的推銷語言，最重要一點，就是要把食品的「要點」指出來，以刺激顧客的食慾。

美國推銷大王惠勒有一句名言：「不要賣牛排，要賣鐵板燒。」這話是很能說明問題的。如果要想勾起顧客吃牛排的慾望，將牛排放在客人面前，固然有效，但最令人無法抗拒是煎牛排的「滋滋」聲，客人會想起牛排正躺在黑色的鐵板上，渾身冒油，香味四溢的情景，不由得嚥下口水。

「滋滋」的響聲就是服務員針對客人推銷的要點，它會眞正地引起客人對這食品的感情。

•揚長避短

因客人的喜與厭，採用揚長避短的推銷方法，也是語言藝術的要點。

某間餐廳曾經接待過一對來自香港的老夫婦，他們一坐下來就埋怨這埋怨那，服務員為他們斟上茶後，老婦人語氣生硬地說：「我要龍井。」

而剛好當時餐廳沒有龍井茶，服務員就向她解釋道：「這是我們特地為您準備的紅茶，餐前喝紅茶好，可以消食開胃，對老年人尤為合適，而且價格不貴。如果您想喝龍井茶，隔壁商場有，您們吃完飯可以買一些回去。」

後來，老先生點菜時，老婦人又說道：「現在的蔬菜都太老了，我們要這幾個就行了。」

這時，服務員馬上順著她的意思說：「對！現在蔬菜都太老了，咬不動，我們餐廳有炸得很軟的油燜茄子，菜單上沒有，是今天的時新菜餚，您們運氣真好，嚐一嚐吧！」

老婦一聽動心，於是菜單上多了一道原本沒有的菜餚。

語言推銷固然重要，動作推銷也不可忽略。餐廳食品的擺設和烹調表演在一定程度上影響著客人的購買行爲，影響客人對品質和價值的看法，更影響客人的食欲，最終決定了銷售額。

所以，語言推銷應和動作推銷互相搭配，配合對象和狀況調整，這樣才能贏得新客源及更多回頭客。

掌握時效，讓話語發揮最大功效

推銷員能用的時間是很短的，所以更要在幾秒內，讓每一句話發揮功效，配合推銷動作，吸引、刺激購買欲，把陌生人變成顧客。

要接近顧客，你的開場白十分重要，推銷員的開場白會立即造成第一印象，不論好壞，都可能直接決定這筆銷售的命運。好的開場白加上推銷動作，將有助提升你的銷售業績。

你可以使用以下八種方法接近顧客：

- **喚起顧客注意**

推銷員接近顧客的目的，是喚起注意，使顧客的注意力轉向推銷員的介紹。

心理學家發現，推銷介紹前十秒鐘裡所獲得的注意，比之後十分鐘內獲得的注意還要更多。因此，推銷員應該說好第一句話。

對推銷人員來說，怎樣說好第一句話尤爲重要。第一句話就應該把顧客的注意力吸引過來，作用如同廣告中一條醒目的標題一樣。

一般情況下，最好能直接切入正題，如一位上門推銷空調的推銷員，見到顧客一開門，立即問：「您的空調好用嗎？」

不管顧客回答說還沒裝，還是說不太好使用，推銷員都可順勢把自己的產品推薦出去。

但許多場合下，開頭不可避免地要進行一次自我介紹和熱情問候。如果是熟人就更難，不能每次都自我介紹，又不能每次都是同一套。所以，語調應生動、親切、簡練，熱情而不誇張，新鮮而不老套。

常用的客套話，有以下幾種：

1. 稱讚顧客。

稱讚顧客或獻殷勤，是喚起注意的最有效方法之一。

作爲推銷員，應該對顧客彬彬有禮，說幾句讚美之詞並不失身份，而且對推銷大有助益。

讚美的方式很多，從顧客的服飾，年齡，身體健康，辦公室的佈置等等。只要留心，可讚美的對象數不勝數。

切記，讚美要看狀況與對象，掌握火候、把握分寸，過度的言詞可能給人油嘴滑舌的不良印象。

2. 談新聞。

新近發生的重大事件往往是人們關注的焦點。談新聞不僅能很快喚起顧客的注意和興奮，而且處理、聯繫得好，更能直接過渡到正題的切入點。

除此之外，可談的新聞還很多，如國內外政治、經濟最新動態，最新的商品，重大體育賽事等等。

3.提建議。

如果知道客戶正面臨什麼難題，而在解決難題上又有忠告可提，那麼推銷人員應抓住時機提出建議，引起對方注意。例如，批發商可憑藉專業知識和資訊靈通的特長，向零售顧客提出有用的建議，包括某些商品銷售前景的預測，陳列設計，店內佈置，廣告宣傳等等，都很有效。

•介紹接近法

這種方法，是推銷人員透過自我介紹或他人介紹來接近顧客。

自我介紹，主要可藉口頭介紹、身份證件與名片來達到接近顧客的目的。他人介紹，是借助與顧客關係密切的第三者的介紹來達到接近目的，形式有信函介紹，電話介紹或當面介紹。

介紹接近法的作用，主要在於推銷人員向顧客介紹自己的身份，以求得對方的了解和信任，消除戒心，爲推銷創造舒適的氣氛。

有一種較另類的自我介紹開場白：「我叫某某某，雖然說你並不認識我……」，這種介紹法幽默而直接，但在使用時要小心，如果對方看起來個性開朗，可以使用這種方法；如果對方看似內向，這種方法可能會嚇到他。

所以要因人而異，使用不同的說話方法。

●尋求幫助法

人性本善，推銷員可以喚起對方的助人之心，請求幫助，接著再開始眞正打算進行的話題，這類的開場白有「您能不能幫我……」、「我需要您幫我一些忙……」等等。

用這種方法，記得態度要親切溫和，口氣放軟，千萬不要明明是找人幫忙，卻搭配上強勢的口氣，那當然達不到目的。

●產品接近法

推銷人員直接利用推銷品引起顧客的注意和興趣，進而轉入面談的一種接近方法。這種方法的最大特點，就是讓產品作自我推銷，讓顧客接觸產品，透過產品自身的吸引力，引起顧客的注意和興趣。

• 饋贈接近法

推銷人員利用饋贈物品，免費品嚐的方法吸引並喚起顧客的注意。這種方法尤其適合新型產品的推銷，在各大商場客流密集處更能發揮效能。

使用此方法時，推銷人員應注意，饋贈的物品要適當，方便顧客拿取或品嚐，使用的語言要熱情、主動。

• 利益接近法

推銷人員首先強調商品能爲顧客帶來的利益，引起對方的注意和興趣，達到接近的目的。例如：

「這是公司最新推出的新型石英多功能鬧鐘。它既可以擺在書桌上，外出旅行時，又可以合起來放在枕邊床頭，非常實用。」

「功能就更不用說了，光鬧鐘設置方式就有好幾種，既可以定時，還可以選定某月、某年、某時鬧鈴，非常方便。振鈴音響也有多種選擇，可以滿足不同顧客的喜好。除此之外，這種鬧鐘還有計算、記事的功能。在推展月裡，特價優惠五％。」

以實際利益去接近並打動顧客，常常是行之有效的重要的推銷手段。利益接近法符合顧客購買商品時的求利心理，直接了當地告知購買該商品所能獲得的實際利益，能有效引導消費。

但使用這種方法時，應實事求是，講求商業信譽，不可浮誇，更不能無中生有，欺騙顧客。

• 好奇接近法

利用好奇心理接近目的的方法，推銷人員運用各種巧妙的方法及語言藝術喚起顧客的好奇心，引導注意力和興趣，達到推銷目的。

例如，一位推銷新型印表機的推銷員，在推開顧客辦公室門時，就說：「您想知道一種能使辦公效率提高，又能有效降低成本的辦法嗎？」

這些想法正是一般辦公部門努力追求的目標，而對主動送上門來的良計佳策，誰不爲之動心呢？

當顧客的好奇心被緊緊抓住以後，推銷人員應不失時機，巧用推銷技巧和語言藝術，因勢利導，強化顧客的注意和興趣，進而實現自身目的。

•展示接近法

意指透過對商品的展覽、演示，以引起顧客的注意和興趣。

這是一種古老的推銷術，在現代行銷中，仍有重要的利用價值。

例如，某一推銷聲控魔術方塊玩具的推銷員，坐定之後，並不急於開口說話，而是取出一個小巧玲瓏、色彩豔麗正四方體「木箱」放到顧客的面前，隨著推銷員的一聲拍掌，小木箱不但搖晃起來，同時還用幾種語言發出「讓我出去」叫聲，彷彿眞鎖住了一個急於外逃的魔鬼。

一場形象生動、直觀的展示，勝過推銷人員繪聲繪影的描述，使顧客直接地獲得了直覺印象。接著，推銷人員如能不失時機地發揮語言藝術的作用，熱誠地爲顧客釋惑解疑，闡明產品價格定位及廣闊的市場前景，就能爲最後的成交打下良好的基礎。

在這個有能力不一定就能成功的時代，想要與人做有效的溝通、就必須留意自己說話的口氣，用最動聽的話語，表達自己的意思。

推銷員能用的時間是很短的，所以更要在幾秒內，讓每一句話發揮功效，配合推銷動作，吸引、刺激購買欲，把陌生人變成顧客。

讓說出的每一句話都奏效

一句話看似簡短，說得好能讓你的推銷加分，如果句句正中紅心，一場對話累積下來，客戶非你莫屬。

在實際推銷進行過程中，巧妙地使用語言，是推銷成功的關鍵。那麼，該如何使用推銷語言才算巧妙呢？下面介紹八種方法：

- 選擇問句

例如：「您是要茶還是要咖啡？」

- 語言加法

羅列各種優點，例如：「這道菜不僅味道好，原料也十分稀少難得，含有多種營養，還對虛火等症狀有輔助療效。」

• 語言減法

即說明現在不購買或選擇會有什麼損失，例如：「幺魚只有武漢一帶的長江水域中才有，您如果現在不嚐嚐，回去後將難有機會了。」

• 轉折說法

即先順著賓客的意見，然後再轉折闡述。例如：「這道菜確實比較貴，但原料在市場上的價格也不低，做菜的技巧較爲複雜，口味別俱特色，您不妨一嚐，就知道物超所值了。」

• 語言除法

即將一種商品的價格分成若干份，使看起來不貴，例如：「雖然要三百元一份，但六個人平均下來，不過五十塊錢。」

• 借人之口法

例如：「客人們都說招牌菜做得很好，您願意來一份嗎？」

• 直接稱讚法

例如：「這鮑魚炒飯是我們飯店的特色，不妨試試。」

• 親近法

例如：「特別介紹一道好菜給您，這是今天才買回來的。」

下面再介紹一則巧妙使用推銷語言，推銷豪華套房成功的實例：

某天，台北某家知名飯店前廳部的客房預訂員小王，接到一位美國客人打來的長途電話，想預訂每間每天收費在二百二十美元左右的標準雙人客房兩間，預計三天以後入住。

小王馬上翻閱了一下訂房記錄表，回答客人說，由於三天以後飯店要接待一個大型國際會議，有幾百名代表，標準客房已經全部訂滿。小王講到這裡，並未就此把電話掛斷，而繼續用關心的口吻說：「您是否可以推遲兩天來，要不然請直接打電話與其他飯店聯繫，如何？」

美國客人說：「台北對我們來說，人生地不熟，你們飯店名氣最大，還是希望你幫我們想想辦法。」

小王暗自思量，感到應該儘量不使客人失望，於是便用商量的口氣說：「感謝您對我們飯店的信任，我們非常希望能夠接待你們這些遠道而來的客人。請不要著急，我很樂意為您效勞。」

「我建議您和朋友準時前來，先住兩天我們飯店內的豪華套房，每天也不過收費二百八十美元。套房內可以眺望陽明山的優美景色，室內有紅木傢俱和古玩擺設，提供的服務也是上乘的，相信你們住了以後一定滿意。」

小王講到這裡，故意停頓一下，以便等待客人的回話。

見對方沉默了一下子，似乎猶豫不決，小王又趁勢誘導：「我想您不會單純計較房價的高低，而是在考慮是否物有所值，請告訴我您什麼時候、搭哪班飛機來台北，我們將派專車到機場迎接，到店以後，我一定陪您和您的朋友先參觀一下套房，然後再做決定也不遲。」

美國客人聽小王這麼講，一時間倒難以拒絕，最後便欣然答應先預訂兩天豪華套房再說。

另一個例子，是使用啓發性推銷語言，巧妙推銷書籍的故事：

一名顧客想買一本有關法律法規方面的書籍，他跑了好多書店，但就是找不到「大全」類的資料總匯。

後來，在某大學的書店，終於發現了彙編齊全的法規書籍，但書價過高，使他猶豫不決，買不下手。

老闆抓住了顧客的心理，採取「啟發式」語言改變立場。

老闆問：「您想買總彙多年法規大全的法律書籍吧？」

顧客：「是的。」

老闆：「您是想考研究所，還是律師？」

顧客：「參加今年的全國律師資格考試。」

老闆：「考律師比考研究所更應了解法律法規，您是否注意到國家每年的法規都在增加和變動？」

顧客：「的確是這樣，我正愁沒有一本法規彙編大全的書籍。」

老闆：「去年，我有兩個朋友因為沒有注意近年來經濟合約法規的變化，差兩三分沒通過律師考試。」

顧客：「真的啊？」

老闆：「這幾年律師考試，題目靈活多變，注重時效，技能測試題越來越多，很不容易呢！」

顧客：「那不是更應該靈活運用法規解決實際問題嗎？」

老闆說：「您說呢？」

顧客聽到這裡，消除了疑慮，當即以近千元的高價，買了一套法規彙編大全。書店老闆的成功秘訣，就在於緊緊抓住顧客心理，如此不用回答任何問題，便足以使顧客滿意而去。

抓住顧客的心理，說出的每句話都要有功效。

一句話看似簡短，說得好更能讓你的推銷加分，如果句句正中紅心，一場對話累積下來，這個客戶非你莫屬。

適時引用第三者的話

通常顧客對推銷員是排斥的，巧妙加入第三者的話，能夠增加可信度，使顧客心中感覺別人買了，那這項產品必定不差。

推銷時，巧妙地引用第三者的話，向顧客說出他人對自己商品的評價，會收到意想不到的效果。

談到正出售的一塊土地，你可以對顧客說：「前不久一個顧客也來此地看過，他覺得非常滿意，想蓋棟別墅。可惜後來他因資金周轉有問題而無法購買，我也爲他感到遺憾。」

這種方法效果非常好，但是，如果你說謊被識破的話，那可就非常難堪了，所以應該儘量引用眞實的事情。

這一技巧的妙處，在於一般顧客對於推銷員的印象總不是那麼好，對於推銷這種售賣方式也多持懷疑的態度。如果你非常成功地引用了第三者的評價來遊說，顧客一定會感到安全感，消除對你的戒心，相信你做的商品介紹，認為購買你的商品可以放心。

假如你為一家公司推銷一種新式化妝品，而這家公司已經在電視上大做廣告，那麼你的推銷一定要由此開始。

你應該對顧客說：「這就是電視裡天天出現的那種最新樣式的化妝品，您一看就會認出來的。」然後立刻將樣品遞過去，她便不會有意識地來懷疑你了。

如果你認為對方不是一個喜歡標新立異的人，可以接著告訴她：「我剛才已經賣了幾十瓶，他們都是看了電視廣告介紹才下決心買的。」

這樣，成交希望就更大了，因為你一直都在「請」廣告和其他的購買者來為自己背書，她自然不會產生懷疑。

如果你知道某個「大人物」曾盛讚或使用了你正在推銷的商品，那麼推銷會變得更加容易。毫無疑問，電影明星、體育明星等「大人物」一定比你更容易受到信賴，說服力當然強得多。

但這樣的好事，未必就落在你所推銷的商品上，這也不要緊。你如果能打聽到顧客的周圍，有一個值得信賴的人，曾經說過你的商品的好話，就應該不失時機地加以應用。

即便你引用一個顧客並不了解的人所說的話，也不一定就沒有效果。只要言之有理，對方仍然會加以考慮。

推銷過程中，一般只有兩者在對談，即推銷員和顧客，通常顧客對推銷員總是排斥的，這時若巧妙加入第三者的話，能夠增加可信度，使顧客心中感覺別人買了，那這項產品必定不差，同時也激起對方的購買慾，覺得既然別人有了，自己也要買。

與其發怒，不如使出「忍術」

對說「這個不好」、「那樣不對」的人，最重要的是讓對方儘量把話說完，再抓住時機反駁，進一步掌握有利勢頭。

在商場上，常會看到顧客與推銷員爭辯。基本上，不管他們在吵什麼，爲什麼而吵，周邊的人絕大部份會站在顧客那一邊。

原因很簡單，他們也是消費者，總有一天也會遇上類似情況。

因此，你應該清楚地認識到這一點，遇到顧客有意見時，不論誰是誰非，都不得爲此爭辯，儘管你有千萬條道理，也不可開口說一句重話。一旦說了爭辯的話，生意做不成是小事，影響名聲，那問題就大了。

在舊金山有一家鞋店，老闆應付顧客的手段相當高明，儘管他給人的印象並不屬於精明且伶牙利齒的生意人。

每次顧客對他抱怨說「鞋跟太高了」、「式樣不好看」、「我右腳稍大，找不到適合的鞋子」，老闆都只是點頭不語，等顧客說完後，他才說：「請你稍等。」隨即拿出另一雙鞋表示：「你一定適合，請試穿。」

顧客起初很疑惑，可穿上之後，便會高興地說：「好像是爲我訂做的。」於是很高興地把鞋買走了。

在推銷員須知中，有一條規則是：別和顧客爭辯！因顧客說的話有絕對的理由，難以說服。

與其爭吵，推銷員應利用顧客的心理，使他沒有繼續反駁的餘地，以求圓滿地達到自己的目的。

對說「這個不好」、「那樣不對」一類話的人，不要一一反駁，最重要的是讓對方儘量把話說完，再抓住時機引導。對方說他喜歡什麼，其實等於是推出王牌，可以讓自己進一步掌握有利勢頭。

自己掌握的情報不要讓對方知道，否則就等同把優勢讓給了對方。說服顧客時，不要著急，而要根據對方的反應，慢慢抓住有利的線索。

西方有句諺語說：將所有的資料公開，等於送鹽巴給敵人。作爲一位商人，就是透過商品銷售獲得利潤。作爲一位推銷員，就是迎合顧客心理，熱情接待顧客，讓他高高興興地從商店裡買走商品。

顧客可以千錯萬錯，而推銷員不得有半點失誤，當忍則忍，切莫爭辯。與其爭得臉紅脖子粗，不如省下力氣，好好培養自己的「忍術」。

懂得看時機，說話才適宜

當顧客有問題時，推銷員的應答便成為最即時的回應，越即時的回應，說話越要小心，因為影響往往最大。

人際溝通大師塞巴特勒曾經寫道：「想讓對方接受原本不想接受的看法，最好使用對方喜歡聽的語言。」

從事推銷工作多年的業務員大多有同樣感覺，接待顧客，最困難是在於尊敬語的使用。由於對象不同，使用的尊敬語也有區別。

另外，現代社會步調快速，成功的推銷員或服務人員面對顧客的要求，一定要給予即時的回應，在不同的時機說不同的話，做到即時又優質。

作爲推銷員，依使用時機不同，可將敬語分爲幾種：

•接待顧客

1.接待顧客時應說：

歡迎光臨。

謝謝惠顧。

2.不能立刻招呼客人時：

對不起，請您稍候！

好！馬上去！請您稍候。

3.讓客人等候時：

對不起，讓您久等了。

抱歉，讓您久等了。

不好意思，讓您久等！

•拿商品給顧客看

是這個嗎？好！請您看一看。

•介紹商品

我想，這個比較好。

•將商品交給顧客

讓您久等了！

謝謝！讓您久等了！

•請教顧客

1.問顧客姓名時：

對不起？請問貴姓大名？

對不起！請問是哪一位？

2.問顧客住址時：

對不起，請問府上何處？

對不起，請您留下住址好嗎？

對不起，改日登門拜訪，請問府上何處？

●更換商品時

1.替顧客更換有問題的商品時：

實在抱歉！馬上替您換。

很抱歉，馬上替您修理。

2.顧客想要換另一種商品時：

沒有問題，請問您要哪一種？

●送客時

謝謝您！

歡迎再度光臨！謝謝！

•向顧客道歉時

實在抱歉！

給您添了許多麻煩，實在抱歉。

敬語的使用並非一成不變，若能做到視情況應變，加上誠心，相信客戶可以感受到你的尊敬。

另一方面，推銷員在工作崗位上服務時，常常需要針對顧客的疑問給予回應，或者對顧客的召喚做出反應。服務過程中，所使用的應答用語是否恰當，往往直接反應了服務態度、服務技巧和品質。

整個服務過程中，推銷員隨時都有可能需要使用應答用語，由此可見使用範圍之廣泛。

推銷員在使用應答用語時，基本的要求是：隨聽隨答，有問必答，靈活應變，熱情周到，盡力相助，不失恭敬。

就應答用語的具體內容而論，主要可以分爲三種基本形式，在某些情況下，相互之間可以交叉使用。

●肯定式的應答用語

主要用來答覆服務對象的請求。重要的是，一般不允許推銷員對於服務對象說一個「不」字，更不允許對狀況置之不理。

這一類的應答用語主要有「是的」、「好」、「隨時爲您效勞」、「聽候您的吩咐」、「很高興能爲您服務」、「我知道了」、「好的，我明白您的意思」、「我會儘量按照您的要求去做」、「一定照辦」……等等。

●謙恭式的應答用語

當服務對象對於被提供的服務表示滿意，或是直接進行口頭表揚、感謝時，一般會用此類應答用語進行應答。

它們主要有「這是我的榮幸」、「請不必客氣」、「這是我們應該做的」、

「請多多指教」、「您太客氣」、「過獎了」。

•諒解式的應答用語

在服務對象因故向自己致歉時，應及時予以接受，並表示必要的諒解。常用的諒解式應答用語主要有「不要緊」、「沒有關係」、「不必，不必」、「我不會介意」等等。

當顧客有問題時，推銷員的應答便成爲最即時的回應，越即時的回應，說話越要小心，瞬間、立即的一兩句話，給人的印象和影響往往最大。因此，顧客的反應必回，而且要回得好；和顧客應對進退時，必「敬」。

說話的藝術不是一朝一夕可達成，但從生活中細細體會，不斷改進，說出適當的話並不那麼難。

會話式推銷，接受度更高

用會話的方式和顧客進行推銷，能深入了解這位顧客朋友的需求，縮短你們之間的距離，建立長久關係。

怎樣與顧客進行推銷訪問？特別是第一次與新顧客見面。這是所有推銷員都必須面對的問題。使推銷成功的途徑並非一成不變，可以說多種多樣、千變萬化，會話式推銷訪問就是一種相當成功的方法。

●會話式推銷訪問程式

1.在接受推銷技巧認訓練以前，建立明確的訪問推銷程式觀念。

2.討論各個推銷程式時，能夠清楚地了解在推銷訪問中的個別意義。

• 會話式推銷程式的意義

1. 在訪問顧客以前，能夠依「會話式推銷訪問程式」的五個步驟去計劃及準備推銷訪問。
2. 充滿信心按照「會話式推銷訪問程式」的五個步驟，以獨立自主的態度和精神訪問顧客。
3. 訪問顧客後，能夠按照「會話式推銷訪問程式」的五個步驟檢討訪問經過，並制定改善計劃。

• 會話式推銷訪問的重點

1. 訓練業務代表，在訪問過程中應用最簡易的「會話式推銷訪問程式」，建立融洽的商談氣圍。
2. 訓練業務代表，不光了解自己的產品，更能對不同類型的顧客演習「會話式推銷訪問程式」。

● 會話式推銷訪問的效果

1. 業務代表在訪談時較容易進入狀況，談笑自如。

2. 顧客在面對業務代表時，因減少抵制心理而樂於談論，容易建立長久且正向的雙方關係。

3. 能夠讓業務代表更了解顧客需求，並有利於提供協助。

4. 推銷員容易儘快進入角色，避免因摸索而浪費時間。

以下，則是會話式推銷的五個實施步驟：

● 會見顧客

建立關係技巧——和諧、誠懇的表現與設身處地的談吐。

1. 遞交名片，自我介紹。

2. 以和諧、誠懇的眼神看著對方。

3. 簡潔說明來意、工作內容。

4.附和對方的話題，表示出濃厚興趣。
5.心平氣和地傾聽對方的講話，表示了解。
6.有禮貌的談吐，尊重對方的稱呼。
7.謙虛的敘述，以對方的談話為中心。

•界定顧客需求

診斷分析技巧——用適當的方式探詢產品使用的相關問題後，細心聆聽，協助界定並解決需求。

1.以關心的口吻探詢產品使用的問題。
2.在對方敘述時注意聆聽，重複對方的話以澄清內容。
3.提起競爭產品時不可批評。
4.若有不明顯的需求，可以用暗示以打聽目的。
5.舉出別人使用本公司產品而獲得的好處，或欣賞的要點。

• 以產品的利益配合顧客需求

摘要指示技巧——將產品特定的利益配合顧客顯示需求，並將利益連接在產品的特徵上。

1. 將產品特定的利益配合顧客提出的需求。
2. 將利益和產品的特徵連結。
3. 避免滔滔不絕地講個不停。
4. 時時探詢對方的反應，不可搶詞。
5. 不可有強詞奪理的言辭與舉動。

• 觀察顧客的態度

觀察態度技巧——觀察顧客的接受性，化解不以爲然，猜疑，反對意見，推託等反應態度。

1. 對顧客反對表示了解，重述要點加以核對是否會意。
2. 提出解決的意見或答覆猜疑要點。

3.以解決意見建議供對方參考，求得同意。
4.對不明白的內容要做筆記，誠實應對，不可編造謊言。
5.若有無法當面解決的事項，約定查明後答覆。

•總結會話

總結技巧——摘要討論後同意的要點，請求採取特定行動。

1.摘要已經同意或經過澄清的要點。
2.提出建議，請求採取行動，必須以誠懇的眼神看著對方。
3.以充滿信心的口氣，強調對方的利益要點。
4.從不同角度再試試，以取得同意。
5.不可表現耍賴的態度，感謝顧客給予談話的機會。

會話式推銷訪問，就是用會話的方式向顧客進行推銷，能讓你深入了解這位顧客朋友的需求，縮短彼此之間的距離，建立長久的關係。

你問對問題了嗎？

在銷售過程中，推銷員越早且越經常地提出問題越好，因為那將有利於更了解對方，更針對性地解決問題。

提出適當的問題，能夠使對方說出你該知道的一切，這極有可能是決定業務成功與否的關鍵。

看看下列各項，檢驗一下自己是否做到準確提問。

1. 問題是不是簡明扼要？
2. 是否把顧客的答案引向你的產品？
3. 能不能引導對方引用以往的經驗，讓你分享他的驕傲？
4. 問題的答覆是不是顧客從前未曾想過的？

5.問題是否直接切中顧客的處境？
6.能不能從顧客口中取得一些資料，讓你的銷售更有針對性？
7.問題能不能創造出正面的、有引導作用的氣氛，以利於完成行銷？
8.當對方問你問題時，你會不會反問？如顧客問：「兩週內能不能送到？」你能否懂得反問：「您希望我們在兩週內送到嗎？」

檢視自己的銷售過程，所提的問題是否做到以上要求？如果沒有，希望你事先準備十到二十五個問題，以利於發掘對方的需求、痛苦、心思、障礙。

這裡有三個步驟可供參考：

步驟一：陳述一件無法反駁的事實，讓對方回答「是」。

步驟二：陳述可以反映出經驗與創造信任感的個人意見，如此既能控制話題，又能讓顧客對你的專業性產生信賴。

步驟三：提出一個與前兩個主題吻合，又可讓顧客盡情發揮的問題，從中了解他的需求、意圖、障礙或其他資料。

你不妨試試如下的提問方式：

1.你打算如何……？

2.在你的經驗裡……？

3.你成功地用過什麼……？

4.你如何決定……？

5.為什麼那是決定性因素……？

6.你為什麼選擇……？

7.你喜歡它的哪些地方？

8.你想改善哪一點？

9.有沒有其他因素……？

作爲一個推銷員，你應該了解，推銷，有時是從一個巧妙的提問開始。

身為一間大工廠的負責人，羅斯相當忙碌，他對推銷員的態度始終十分冷淡。一天，一位推銷員來到他的辦公室。

推銷員：「先生您好，我是保險公司的推銷員貝特格。您認識吉米．沃克先生嗎？是他介紹我來的。」

羅斯：「又是一個推銷員！你已經是今天第十個推銷員了。我還有很多事要做，不可能花時間聽你們的話，別再煩我了，我沒有時間。」

推銷員：「我只打擾您一會兒，請允許我做個自我介紹。我這次來只是想和您約一下明天的時間，如果不行，晚一點也可以。上午還是下午好呢？我只要二十分鐘就夠了。」

羅斯：「我說過了，我根本沒時間。」

推銷員忽然轉變話題，只見他仔細看著放在地板上的產品，然後詢問：「您生產這些東西嗎？」

羅斯：「是的。」

推銷員：「您做這一行多長時間了？」

羅斯：「哦！有二十二年了。」此時，他的神色和藹了些。

推銷員：「您是怎麼開始進入這一行的呢？」

羅斯：「說來話長了。我十七歲就到一家工廠工作。在那裡，我沒日沒夜地奮鬥了十年，後來終於擁有了現在這家工廠。」

推銷員：「您是在此地出生的嗎？」

羅斯：「不，是在瑞士。」

推銷員：「那您必定是年齡不大的時候就來了。」

羅斯：「我離開家鄉的時候只有十四歲，曾經在德國待了一陣子，後來才輾轉到了美國。」

推銷員：「那您當時一定帶了大筆資金吧！」

羅斯此時微笑著回答說：「我只以三百美元起家，一路到現在，累積了足足三十萬美元。」

推銷員：「這些產品的生產過程，想必是很有意思的事。」

羅斯站起來，走到推銷員身邊說：「不錯！我們為自己的產品感到驕傲，我相信它們在市場上是最好的。你願不願意到工廠裡走走，看看這些產品是怎麼製造出來的？」

推銷員：「樂意之至。」

羅斯當即將手搭在推銷員的肩膀上，陪同他一起參觀工廠。

第一次和羅斯先生見面，推銷員貝特格並沒有向他賣出任何保險，但在那以後的十六年裡，不僅成功賣出了十九份，還向他的兒子們賣出了六份。賺進許多錢不說，還和羅斯成了好朋友。

由此可見，在銷售過程中，推銷員越早且越經常地提出問題越好，因爲那將有利於更了解對方，更針對性地解決問題。

PART 5

請將，不如聰明激將

被激的一方，必須是那種能激起來的人物。

另外，激將法是在雙方較為熟悉的情況下進行的，

不宜對陌生人採用。

請將，不如聽明激將

被激的一方，必須是那種能激起來的人物。另外，激將法是在雙方較為熟悉的情況下進行的，不宜對陌生人採用。

培養並掌握「說話」這門藝術，必須從很多方面一起著手。除了得具備前述的積極傾聽技巧，也要懂得適時運用激將法。

一般人雖然都對激將法這個詞不陌生，卻未必懂得它指的究竟是什麼，多半只有模糊或者片面的認知而已。

激將法，簡單地說，就是根據心理特點，使對方在某種情緒衝動和鼓動之下，做出某種毅然的舉措，而這種舉措是對自己有益的，能達成某種目的。

三國時，諸葛亮為了抗曹，來到江東。

他知道孫權是個不甘居人之下的人，於是在見面時，首先大談曹軍兵多勢大：「曹軍騎兵、步兵、水兵加在一起，有一百多萬！」

孫權大吃一驚，追問：「這數子有假吧？」

諸葛亮一筆一筆地算，最後算出曹軍的確有兵將一百五十多萬。他接著又說：「我只講一百萬，是怕嚇倒了江東的人呀！」

這句話的刺激性不小，孫權急忙問計：「那我是戰，還是不戰？」

諸葛亮見火候已到，便答說：「如果東吳人力、物力能與曹操抗衡，那就戰；如果您認為敵不過，那就降。」

孫權不服，反問：「照您這樣說，劉備為什麼不降呢？」

此話正中諸葛亮下懷，他進一步使用激將法說：「田橫，不過是齊國一個壯士罷了，尚且能堅守氣節，何況我們劉皇叔是皇室後代，蓋世英才，怎麼能甘心投降，任人擺佈呢？」

孫權的火立刻被激了起來，決心與曹軍決一死戰。

巧言激將，指的是在某些特定的環境和條件下，當有些人的自尊心受到壓抑，或者由於遭受挫折、犯了錯誤，以及其他種種原因，產生自卑感時，故意再給予貶低、刺激，藉以重新激發他的自尊心、自信心。

俗話說：「請將不如激將。」洞察對方心理，正確運用巧言激將法，一定能收到預期的效果。當然，一定要先衡量不同交談對象的客觀情況，擬定不同的激將策略。這就猶如治病，對症下藥，才有療效。

•直激法

直激法就是面對面直率地貶低對方，刺激他、激怒他，以達到使他「跳起來」的目的。

•暗激法

有意識地褒揚第三者，暗中貶低對方，激發出壓倒、超過第三者的決心。

人們都希望受到尊重，當有人在自己面前故意誇耀第三者，顯然會對起一種暗示性刺激。暗激法的巧妙，就在於它是以「言外之意」、「旁敲側擊」，委婉地傳遞刺激訊息。

•導激法

激將，有時並不是簡單的否定、貶低，而是「激中有導」，用明確的或誘導性語言，把對方的熱情激發起來。

某校有一個調皮學生，成績一直很差。一次，他打了一位同學，還洋洋自得。老師對他說：「光能靠打架贏人，算什麼英雄呢？你的期末考試成績，能夠勝過人家嗎？」

一句話，激得這個調皮學生發憤，成績由此有了明顯的進步。

運用導激法，必須注意以下幾個問題：

1. 看對象

被激的一方，必須是那種三言兩語便能激起來的人物，還要有強烈的自尊心，方能收到效果。另外，激將法是在雙方較爲熟悉的情況下進行的，不宜對陌生人採用。

2.看時機

如出言過早，時機不成熟，「反話」容易使人洩氣；出言過遲，又成了「馬後炮」。因此，運用導激法，不可不注意尋找合適時機。

3.注意分寸

運用激將法，不痛不癢的話當然不行，但言詞過於尖刻，也會令人反感。

• 反語式激勵法

正話反講，用故意扭曲的訊息和反激的語氣，表述自己的意念，以激起對方發言表態，達到預期目標。

• 及彼式激勵法

這是一種推己及人、將心比心的策略，激發對方做角色對換，設身處地設想，從而同意他人的語言回饋。

一位女公關人員陪同一位前來訪問的女經理，在市區進行半日的參觀遊覽。出發前，上司特別關照這位女公關人員，中午必須要設法設宴款待對方。

參觀某個景點時，經過兩家不錯的飯店，公關小姐一連向女經理詢問了兩次：「您的肚子餓嗎？」

女經理都客氣地搖搖頭。

後來，出了景區，公關小姐眼看行程即將結束，女經理就要回賓館用餐了，於是換了一種說法：「真是不好意思！老實說，早上出來時，怕您等我，我沒有來得及吃早餐，不過就吃了兩三塊餅乾，現在倒餓了。不介意的話，可否請您陪我吃一點呢？」

女經理聽了，欣然點頭。

及彼式的激勵，就是一段先由己及彼，再由彼及己的過程。

現實生活中，施行激將法，首先得了解所求之人的心理和情感世界的倏然變化，了解對方的好惡和是非標準，根據其社會平衡關係，機動靈活地激發產生某種情感和心理傾向，才能促使對方按照這種傾向，做出有利於己方的決策，並付諸行動。

「激」出語言的最大魅力

同時展現出負責的態度、誠懇的語言、深切的感情，就是感染並激化買方，促使買賣成功的最好方法。

當客戶對商品產生了購買慾望，但又顯得猶豫不決的時候，可以適時使用「激」的技巧，以求激發對方的好勝心理，促使迅速做出決斷。

一位男士在百貨公司販賣玩具的專櫃前停下，售貨小姐起身趨前，正巧看見男士伸手拿起聲控的玩具飛碟。

「先生您好呀！買玩具給孩子玩嗎？請問您的小孩多大了？」售貨小姐笑容可掬地問道。

「六歲。」男士說著，把玩具放回原位，眼光轉向他處。

「六歲！」小姐提高嗓門說：「這樣的年齡，玩這種玩具正是時候。」

一邊說著，便將玩具的開關打開，男士的視線自然又被吸引回聲控玩具上。只見小姐把玩具放到地上，拿著聲控器，開始熟練地操縱起來，前進、後退、旋轉，接著又說：「讓孩子玩這種以聲音控制的玩具，可以培養出強烈的領導意識，很有幫助的。」

說完之後，她將聲控器遞出，讓對方實際操作。大約過兩三分鐘後，售貨小姐把玩具開關關掉，男士開口問道：「這一套多少錢？」

「五百五十元。」

「太貴了！算五百就好了吧？」

「先生！跟令郎未來的領導才華比起來，這其實根本微不足道。」

小姐稍停一下，看了看對方略顯猶豫的神色，馬上拿出兩個嶄新的乾電池說：「這樣好了，這兩個電池免費奉送！」

說著，便很快地把架上一個未開封的聲控玩具連同兩個電池，一起放進塑膠袋，遞給那名男士。

透過銷售的進行，可以清楚看出售貨小姐在過程中使用了「激」的策略。首先，她的問話十分有技巧，「孩子多大了」這樣的問題，不容易讓顧客產生戒心，從而爲下一步的「激」埋下伏筆。

其次，打開玩具開關的時間恰到好處，就在客戶剛要轉移目標時，而把聲控器遞出更是高招，可以非常有效地刺激購買慾望。

最後，售貨小姐做了最佳請求——爲了培育一個具有領導才華的兒子。天下父母心，誰能不爲之心動？

由於激將術的巧妙運用，終於促成一筆生意。

上面這個例子，算是比較一般的情形，也有一些時候，會遇到推銷難度較大的客戶。這時，雖然也該「激」，手法卻要調整，不能太過躁進，而以循序漸進的方式較好。

一間工廠的廠長接待了兩位推銷員，同樣都是來自偏遠山地的水災受災區，也同樣都為了推銷豬鬃刷。

第一位進門之後，開門見山地說：「我們是生產刷子的，最近受了災，日子不太好過，你們能不能買幾把？」

廠長搖搖頭，解釋了不需要的原因，說自己的工廠不是食品加工業，而是經營電子業務，根本用不到。推銷員看出希望不大，便離開了。

另一位推銷員就不同了，他一坐下，馬上用試探性的口氣問：「我看了看工廠的狀況，用到刷子的機會不多吧？」

廠長點點頭，表示實在是少之又少。

那名推銷員聽了，接著拿出一紙證明，相當憂慮地說：「是這樣的，我們這個地區受了災，相當嚴重，為此政府也撥了款項救濟，但仍是不夠，必須依靠自救，而衡量地形與天候條件，也只能生產豬毛刷子了。請您考慮一下，能不能買個幾把呢？」

廠長搖搖頭，但對方毫不死心，又進一步說：「我知道你們的用量不會太大，沒有關係的。事實上，哪怕只買一把，都是對災區重建的支持，所有村民必定打從內心感謝您。」

如此層層逼近之下，終於成功挑起廠長的惻隱之心，最後不但成交，還一口氣買下好幾十把。

看完這個例證，你是否察覺了成功者與失敗者的差別？同樣推銷一種東西，一個有所收穫，另一個卻兩手空空。原因何在？就在於「激」的技巧。

第一位雖然開門見山，急切地請求對方接受推銷，但因交談中沒有掌握「激」的火候，以至於三言兩語便敗下陣來，只能空手而別。

第二位則不然，將「激」的火候掌握得恰到好處。他首先以詢問方式探知買方底細，得知「用量很少」之後，並不灰心喪氣，而是循循善誘地講述了自己的實際困難，以求喚起同情。

若能同時展現出負責的態度、誠懇的語言、深切的感情，就是感染並激化買方，促使買賣成功的最好方法。

以熱忱為引信，激發別人的熱情

若不是帶著堅信的心情述說，就激不起別人的熱情和動力，那麼一來，場面和氣氛也就毫無生氣。

無論是做事情還是做人，都要充滿熱忱，並且適當地表現。

成功的演說家往往思維靈活，善於託物寓意，常常由人們意想不到的角度切入話題，使得聽眾在會心悟解後，從心底升騰起喜悅，造成和諧的、充滿意趣的熱烈氛圍，效果也就不言而喻了。

愛默生說過：「無熱忱即無偉大。」這正是通往成功的指路航標。擁有熱忱的人，眼中會散發出光彩，聲音也會充滿熱情，聽眾必然自然而然地受到鼓動，進而接受意見。

一個人成功的因素很多，居於這些因素之首的，就是熱忱。

有的人可能並不會用華麗的詞藻，但散發出來的熱忱，卻能從一開始就抓住聽眾，使他們從頭到尾一直全神貫注地聆聽。

當一個演講者敘述自己的親身見證，描述生命給他的深刻教導的時候，不管這經驗多麼瑣碎，或者多麼微不足道，總是能吸引人的注意力，並且更容易引起共鳴。

演講時，描述曾經給你啓示的經驗，應佔去大半時間。這些經驗並不需要費多少腦力去苦苦尋找，因爲它們就存在於你的記憶表層，不時引導你的行爲。把這些事件具體又逼眞地重新勾畫，便可變成影響別人的基礎。

向別人發表你的觀點，以討論意見作爲開始並不聰明，應以不斷強調雙方同意的事情做爲開始。不斷強調你們都在爲相同的目標努力，唯一的差異，只在於方法，絕非目的。

在人類的歷史上，發生過許多重大事件，之所以能成功，都是由於人們的熱情推動。同樣的道理，要想讓演說成功，也必須有熱誠。亦即講話者能知道他所講的是什麼，並堅信這正是他的中心思想。

只有投入了真情，由依靠心靈傳遞思想的演說，才能打動並說服聽衆。

卡內基曾說：「若一位演講者帶著堅信的口氣，誠懇地敘說，那他不會失敗。不論所講的內容是政治、經濟政策，或是一個人的旅行感觸，只要確實覺得心裡有不能不告訴人的衝動，那麼，演說就會帶有強烈的感染力，足以打動人。用何種方式表達並不重要，重要的是要帶有情感。具有熱誠的演講者，影響力將是巨大的。他也許會在修辭上犯無數的錯誤，但這不會影響演說的成功，因為聽衆可以原諒——事實上，聽衆幾乎察覺不出他有錯誤。」

歷史可以見證，林肯演說時高尖的聲音極不悅耳，大演說家戴莫森講話口吃，胡克的聲音很小，但他們都有滿腔熱誠，能彌補這些不足。

若不是帶著堅信的心情述說，就激不起別人的熱情和動力，演說的場面必將毫無生氣。想避免這種失敗，就要把搜集的事實加以審愼思考，挖掘它們的重要性。打算說服別人之前，首先要堅信自己的論點。

有一天，一位陣亡兵士的遺孀——一位年邁的寡婦，蹣跚地走到尚未參選總統的林肯的律師事務所，泣訴某位政府行政官員，竟在她領取四百元撫恤金時，苛索了兩百元的手續費。

林肯聽罷勃然大怒，決定立刻對那位行政官員提起訴訟。

為了在法庭上勝利，做準備時，他特意讀了華盛頓的傳記和美國革命戰爭史，這大大激起了他的愛國情緒。

開庭的那天，他先追述著，當初是由於美國人民受到壓迫，從而激起愛國志士對民族的熱情，乃群起為自由而戰。接著，他描述了他們所經歷的艱難困苦，以及在嚴寒天氣下，走過冰天雪地的痛苦。

然後，他突然怒指那位行政官員，痛斥他居然敢剝削當年為國捐軀的兵士的遺孀半數撫恤金。

林肯目光怒視著那位被告，全身激動，幾乎想剝了那位行政官員的皮。在訴訟辯論即將結束時，他大聲疾呼：「時代向前邁進，一七七六年的英雄已經死去，他們被安頓在另一個世界。在座的證人、先生們，那位兵士已經長眠，現在，他那年老、衰危、又跛又盲、貧困無依的遺孀，卻來到你我的面前，請求為她求取公平，請求同情的幫助與人道的保護。我們這些享受革命先烈掙下的自由的人，是否應該援助她呢？」

這一番話，不僅感動了在場的法官，更讓陪審人眼中都含了淚，他們一致認爲那位老婦人所應得的養老金，分文也不能少給。

亞力山大·伍科特曾說：「一個人說話時的真誠，會使他的聲音煥發出真實的光彩，那是虛偽的人假裝不了的。」

用發自內心的篤信的光輝，以肯定自己的意念，說服效果更好。

避免和別人發生爭論

成功大師卡內基認為：「十之八九，爭論的結果，會使雙方比以前更相信自己是絕對正確的。爭輸了，你當然就輸了，即便贏了，你其實還是輸了。」

面對反對者，羅斯福總統往往會和顏悅色地說：「親愛的朋友，你到這裡來和我爭執這個問題，真是一個妙人！但在這一點上，我們兩個的見解自然不同，倒不如先來談其他話題吧！」

無論成功者採用什麼方式駕馭別人，我們都可以注意到，他們的第一步是「避免爭論」，策略是以「迎合別人的意志」及「免除反對意見」來感動人。

碰到任何一種反對意見，你都應當先盤算著：「關於這一點，我能不能在無關大局的範圍中讓步呢？」

為了突破對方心防，你應當儘量表示一些「小的讓步」，有時，為了避免過度爭論，甚至還可以將主見暫時收回。

如果碰到對於你的主要意見十分反對的人，最聰明的做法，還是把這個問題暫時延緩，不必立求解決，這麼做，一方面使對方得到重新考慮的機會，另一方面，也使你自己得以重新布策。

如果衝突無法避免，必須迎頭碰上，應設法讓反對者說出他要說的話。即使不贊成他們的意見，也要表示你能夠完全了解他們的態度。

以爭論獲得的勝利，不僅沒有具體益處，而且還將破壞雙方的情誼。爭論，不僅使個人的精神、時間、身體，都蒙受莫大的損失，最大的可怕影響，還是在人際關係上。

因為爭辯而發生的不合作的現象，可謂屢見不鮮，不但使社會減少了合作的能力，就連許多國際間的糾紛，乃至戰爭的爆發，大多數也都是由瑣碎事情的爭論所造成。

班傑明．富蘭克林曾說：「老是爭辯、反駁，也許偶爾能獲勝，但那是空洞的勝利，因為你永遠得不到對方的好感。」

你必須衡量一下：自己想要的，究竟是一種字面上的、表面上的勝利，還是別人眞誠的好感？

美國威爾遜總統任內的財政部長威廉．麥肯錫，將多年的政治生涯中獲得的經驗，歸結爲一句話：「光靠辯論，不可能使無知的人服氣。」

兩千年以前，耶穌便曾說過：「盡快同意反對你的人。」

將時間點更往前推，甚至在耶穌出生的兩千年前，埃及的阿克圖國王，便給了他兒子精明的忠告：「圓滑一些，它可使你予求予取。」

如要使人同意你，請先尊重別人的意見，千萬不要直接指出對方的錯誤。

成功大師戴爾．卡內基認爲：「十之八九，爭論的結果，會使雙方比以前更相信自己是絕對正確的。爭輸了，你當然就輸了，即便贏了，你其實還是輸了。」爲什麼？

你將對方的論點攻擊得千瘡百孔，證明他一無是處，那又怎麼樣？你會爲此洋洋自得，但他呢？你傷了他的自尊，他會怨恨你的勝利，即使口服，心裡也不會服氣。

所以，永遠不要與人爭論。

歐哈瑞是紐約懷德汽車公司的明星推銷員。他是怎麼獲得成功的？讓我們來聽聽他的說法。

「以前，當我走進顧客的辦公室，聽見對方說：『什麼？懷德卡車？不好！你送我都不要，我要的是何賽的卡車。』一定會開始據理力爭，挑何賽卡車的毛病，然而很遺憾，往往我越批評別的車子不好，對方就越說它好。雖然我的專業知識，能將對手辯得無言以對，但我頂多只能滿懷勝利感走出去，車卻沒有推銷出去。」

「後來，我改變了做法，再聽到這類話時，改說：『何賽卡車的確不錯，買他們的絕對錯不了。他們不但產品品質優良，業務員素質也非常好。』這樣對方就無話可說了，他總不能在我同意他的看法後，還說一下午的『何賽的卡車最好』吧！於是接下來，我們不再談何賽，我開始介紹懷德的優點……」

明白了爭論的壞處，接著該學會的，是有效避免爭論。以下是可以採用的幾種好方法：

● 先聽再說

讓你的反對者有說話的機會，先讓他們把話說完。過程中，儘量專心傾聽，不要抗拒、防護或爭辯。

● 尋找同意的地方

聽完了反對者的話以後，首先去找你同意的地方，並表示肯定。

● 不要相信你的直覺

當有人提出不同意見的時候，你最自然的反應必定是反駁並自衛。此時應該要更慎重，保持心態的平靜，克制直覺反應。

• 控制你的脾氣

根據一個人在什麼情況下發脾氣，以及發火的方式，足以測定這個人的度量和成就究竟有多大。

• 認真並真誠考慮反對者的意見

你的反對者提出的意見可能是對的，這時候，同意考慮他們的意見顯然是比較明智的做法。

希望避免那些非原則性的爭論，就要記住這句話：「當兩個夥伴意見總是相同的時候，其中之一就不需要了」。

如果你沒有想到的地方，由別人提了出來，應該衷心表示感謝。別忘了，傾聽不同的意見，正是避免重大錯誤的最好機會。

當一個合格的傾聽者

注意傾聽可以給人留下誠實可靠的良好印象。認真傾聽，能減少語言中不成熟的評論，避免不必要誤解。

別把日常生活的溝通想得太嚴肅，很多時候，並不需要我們爲別人出主意或提供一些解決問題的辦法。說話者最迫切需要的，往往只是耐心的傾聽，並在傾聽過程中做出適當的回應，表示同情和理解。

傾聽，也是一種溝通的藝術。

傾聽，另外還是一門學問，我們不僅要傾聽別人的聲音，參考其他的建議，更要傾聽平時少爲人聽或不爲人聽的聲音，那裡面也許正藏有珍寶。

學會傾聽，發掘生活中的小秘密，是許多成功者的求勝秘訣。

一般人總是認為，能言善道者才是善於交際的人，其實是錯誤的，或者說不夠完全的。真正擅長交際者，必定也善於傾聽。

有的人口才好，鋒芒畢露，常有言過其實之嫌。話說多了，會被認為誇誇其談、油嘴滑舌。而且，言多必有失，口若懸河還易導致禍從口出。靜心傾聽，正好能消除以上種種溝通弊端。

注意傾聽可以給人留下謙虛好學、專心穩重、誠實可靠的良好印象。認真傾聽，能減少語言中不成熟的評論，避免人際交往中的不必要誤解。

善於傾聽的人，常常會有意想不到的收穫，歷史上那些傑出的成功者，大都是善於傾聽的人。

一位心理學家曾說：「以同情和理解的心情傾聽別人的談話，是維繫人際關係、保持友誼的最有效方法。」

由此可知，說是一門藝術，聽，更是藝術中的藝術。

更進一步看，「聆聽」的要旨，是對某人所說的話「表示有興趣」。真正有效的聆聽，不僅僅是耳朵的簡單使用，更是和嘴巴、腦袋有效的配合。

有這樣一個人，被一家大公司聘用擔任銷售經理，但是他對公司的推銷品牌和推銷業務並不十分熟悉。當銷售人員到他那裡去彙報工作並徵求建議時，他根本無法提供任何答覆，因為一無所知。

然而，這個人卻是一個懂得傾聽的高手。每當手下的銷售人員問他的看法和建議時，他會回答：「你自己認為應該怎麼做呢？」

聽到這樣的問題，那些人自然會說出他們的想法和解決方案。他傾聽了對方的彙報後，便可以就自己關心的問題提出疑問或建議，與銷售人員進行交流。因此，從來沒有人質疑，他不是一個優秀的銷售經理。

想當一個合格的傾聽者，應當掌握的四大要點如下：

- 注意

傾聽時，雙眼應注視說話者，將注意力集中在談話的內容上，給對方一個暢所欲言的空間，不搶話題，表現出認真、耐心、虛心的態度。

●接受

交談時，透過認同地微笑、肯定地點頭，或者手勢、體態等，做出積極的反應，表現出對談話內容的興趣與對說話方的尊重。

●引申

透過對某些談話內容的重複，或提出某些恰當的問題，表示對談話內容的理解，同時幫助對方完成敘述，使話題更進一步深入。

●欣賞

在傾聽時找出對方的優點，顯示出發自內心的讚嘆，給以總結性的高度評價。欣賞可使溝通變得輕鬆愉快，是良性溝通不可缺少的潤滑劑。

當我們遇到不如意的事情時，總想找個人一吐為快，可想而知，別人當然也會和我們一樣。

在他人不如意時，我們的傾聽往往會起到意想不到的緩解其心理壓力的作用。若是碰上傷心的朋友找你傾訴，千萬不要拒絕，因爲現在他正需要你。千萬別小看了傾聽，這不僅能幫助他人減輕心理壓力，更能提升你在人際交往中的魅力。

避實就虛，爭取空間緩口氣

暫時迴避和正式迴避都只是一種手段，並非為了逃避，而是為自己謀求更大的空間，醞釀更強力的攻勢。

「避」，在談判中，是一種重要的技巧。

當對方反駁己方的既定條件，但己方不宜與其正面論爭，或是對方對談判結果反悔，己方不願修改時，「避」的技巧，就可派上用場了。

「避」在某種意義上說，是「守」的變形，二者功能相同，但形式有異。「守」表現爲正面交鋒，目的在陳述理由，反擊對手的攻勢，堅持本方的觀點。「避」則不然，一般不與對方做正面交鋒，是以與談判無直接聯繫的方法，封鎖對方的進攻，實現目的。

這種迴避技巧，又可細分爲暫時迴避和正式迴避兩種。

•暫時迴避

若暫時無法決定是否接受對方的條件，需要評估之後才能拍板，暫時迴避就可爲自己贏得時間。

最常見的做法，就是告訴對方：「很抱歉，我得去一下化妝室。」而後起身佯裝上廁所，爲自己贏得些許時間。

回到談判桌後，可以繼續談判。若希望得到更多緩衝時間，也可以用比較外行的身份，提出虛心的請教：「我進入這一行的時間較短，沒什麼經驗，您能否幫我分析一下，依照您開出的條件，對於雙方，會有哪些影響？」

對方做分析時，就可在心中另行計算。相信等他分析完畢，對於是否能夠接受這個條件，或者該如何應對、反駁，你已心中有數了。

•正式迴避

即正面聲明，自己無權變更本方的談判條件。

你可以這樣向對方說：「抱歉，我已被上司告知，只能依照既定原則談判，如果你們要修改，那只有中止談判，讓我回去向上司請示，不過這樣一來，合約的簽定就要延後了，對雙方都有負面影響。另外，雖然你提出的條款確實能增利，但能否實行卻是未知數。這項利潤究竟能不能彌補延期的損失，也要詳細計算。」

從本質上說，暫時迴避和正式迴避都只是一種手段，而談判的最終目的，在於進攻。這兩種說話策略的施行，並非爲了逃避，而是爲自己謀求更大的空間，醞釀更強力的攻勢。

要說，就說貼心話

採繞道方式進入正題，是降低戒心的好方法，較可能使顧客高興地接受商品，滿意而歸。

有人說「一句貼心話，招來萬戶客」，實在很有道理。

推銷商品的過程中，適時說出一句貼心話，足以使顧客「忘記」你是個推銷員，而看作自己的知心朋友。一句貼心話，可以有效縮小彼此之間的距離，讓原先持抗拒態度的顧客轉而言聽計從。

如此，既爲產品打開銷路，還等同交到一個朋友。幫助了顧客，當然也幫助了自己，有利無害。

想要貼近顧客，就該善用以下幾種表達技巧：

•捕捉購買慾望，當一個好參謀

商場裡人山人海，川流不息，不過目的在看熱鬧、打發時間的人多，眞正有意願購買商品的人少，是大家共同的感受。

身爲一個好店員，當然不能乾等顧客上門，而應主動貼近，親切攀談，例如下面所舉的例子：

「您穿這套衣服挺合適，顯得高雅，大方。」

一位中年女店員笑瞇瞇地開口，對象是一位正在觀看、挑選各類胡椒的顧客。只見顧客將目光從陳列胡椒的貨架上收回來，滿意地看著自己的衣服。

「哪裡買的呢？簡直像是訂做的一樣合身。」

「是嗎？果然，大家都說好看呢！」那名顧客笑了起來，明顯有一種自豪感油然而生。

「您是想買些胡椒回去，為先生、孩子做一頓好吃的嗎？」話意一轉，回到了推銷產品、捕捉購買資訊的目的上。

「不，只是隨意看看。聽人家說把胡椒、生薑、蔥、鹽、白糖之類的一起煎了喝，很有驅寒的效果。」

「是的，這是傳統的偏方。有時候，偏方比醫生開的藥還靈呢！買這瓶吧！這個牌子的銷路很好。」

「這樣嗎？只是不知道究竟品質怎麼樣。」

「您放心好了，我們這個商場也是老字號了，不會賣品質不好的東西，破壞自己的信譽。而且，我天天都在這裡上班，若是有任何問題，隨時都可以來告訴我，不用擔心。」

就這樣，顧客高高興興地買了一瓶胡椒。

可以發現，那位女顧客最初並沒有強烈的購買意願，只是在經過調味貨架區的剎那起了一個念頭，所以駐足觀看。店員捕捉了微弱的資訊後，並非單刀直入詢問，而是先從感情上貼近，與顧客親切交談，讓對方自然產生好感，降低戒心，從而對產品產生興趣。

千萬別當顧客的敵人，而更應當扮演「參謀」角色，表現出站在同一陣線的模樣。採繞道方式進入正題，是降低戒心的好方法，較可能使顧客高興地接受商品，滿意而歸。

•不用命令式語氣，多用請求式

要想做成生意，必須先用熱誠去打動顧客的心，喚起他們對你的信任和好感，並因感到備受重視與關懷而高興。

做到這一點的必備條件，就是注意語言的表達技巧，多用「請您等一會兒，好嗎」之類的請求式語氣，避免一切的命令式語氣。

有一位書商，在推銷書籍時，總向顧客提出三個問題：「如果我送您這套十分有趣的、有關個人效率的書，您會讀一下嗎？如果讀了後非常喜歡，您會願意買下嗎？又如果您發現不太有興趣，在無須負擔郵資的情況下，可以把書寄回給我嗎？」

由於語氣親切，措詞謙恭，顧客幾乎找不到說「不」的理由。

此外，遇到猶豫不決的顧客，還可以運用「您先試一試嗎」之類的請求式語氣，以求打破僵局、有效接近，提高成交的可能性。

●「見什麼人，說什麼話」，措詞要準確、得當

面對隨和型顧客要熱情、有耐心，順水推舟，滿足他們的自尊心；對嚴肅型顧客要真誠、主動，務求以柔克剛，誘使他們開口；面對慎重型顧客要不厭其煩，耐心解答，避免言語唐突，過度刺激；面對情緒型顧客要摸清需求，透過言行取得信任，逐步消除心理壓力，使產生安全感。

說穿了，推銷活動就是一種心理戰，要想貼近顧客，首先得掌握心理，主動迎合情勢和需求的變化，並且務求選擇最恰當對話方式，將「見什麼人，說什麼話」的精神發揮到極致。

輕易說「不」，必將傷害客戶

購買產品或服務，因為必須支付代價，必定更期望得到尊重，這種需求是可以理解並預知，設法妥善滿足的。

「不」是一個非常傷人的字，絕對沒有人喜歡聽到，所以，如果希望自己的生意進展順利，便不要輕易說起。

在美國，有一家專門販售日用品的羅伯梅德公司，旗下共擁有四間連鎖店，數百位員工。針對服務品質，公司高層有以下兩項規定：

- 絕不對顧客說「不」。
- 顧客離去時，必須是滿意的。

以服務爲取向的公司，即便經營得多成功，也未必都能夠提供送貨服務，但羅伯梅德公司完全不一樣，只要顧客提出要求，馬上派人將貨送到。

羅伯梅德日用品公司的經營範圍相當廣，販售產品高達兩千五百種。儘管業務繁忙，公司上上下下都願意花費寶貴的時間，答覆處理顧客對產品的抱怨或使用問題，且秉持最高原則——面對客訴，絕不說「不」，務求不使顧客產生敵對情緒。

甚至曾有一次，某位顧客來到羅伯梅德公司，抱怨說自己買的高壓鍋品質非常不好，用不到一個月就壞了。

賣場人員檢查了一下，發現明顯是顧客自身的使用疏失，但仍好言好語地表示歉意，並免費提供修理。

一個月後，這名顧客帶著幾位朋友再次登門，但不是爲了抱怨，而是爲了採買需要的其他大小日用品。

爲什麼這名顧客願意替羅伯梅德公司介紹生意，而不會想要換一家店看看？

答案很簡單，就是良好服務凝聚了顧客的忠誠度。

忠誠度絕對是削價政策買不來的，只懂得用低價吸引顧客的公司，一旦將價格提高，就會馬上看見顧客另投他人懷抱。

拿出好服務才能打下穩定可靠的客源基礎，這點絕不是作假可以騙來。而良好的服務，首先便從得體的言語開始。

下面條列的幾點，是除了直接表示拒絕的「不」之外，公認同樣不適宜、不受顧客歡迎的幾句話：

1. 這不是我的責任。
2. 這件事情不在我的管轄範圍。
3. 沒辦法，這就是規定。
4. 不好意思，這是您當初的選擇，我無能為力。
5. 規則都寫得很清楚了，請自己看一下。

此外，在爲顧客服務時，要儘量多使用以下詞語：

1.您、您們——用「您」，絕對比用「你」更好。

2.是、好的、沒有問題、可以——相較於否定，肯定的短句子當然更能讓顧客感到滿意。

3.最好的方法是、最快的方法是——表示出對狀況的了解與誠懇建議，可以讓顧客放心，產生信賴。

任何一位顧客購買產品或服務，因爲必須支付一定代價，必定更期望得到他人的尊重，這種需求是可以理解並預知，設法妥善滿足的。在容許的範圍內，應儘量尊重顧客的想法，按顧客的意思去做，如果用無禮的言語或態度頂撞，必定將送上門的生意搞砸。

請不要對顧客說「不」，不要說任何可能引起反感的話。

PART 6

迂迴側擊 才能突破僵局

當談判雙方在某個問題上爭執不下時，
自信加技巧就是獲勝的關鍵。
誰更自信、誰說話更有技巧，
誰獲得成功的可能性就越大。

避開談判禁區，以免陷入僵局

既然會有談判，就代表雙方誠摯希望解決某個問題或事情，也希望最後結果能皆大歡喜。小心別觸及禁區，就是對談判成功的最大保證。

人際關係作家萊特曾經寫道：「站在對方的角度，可以看見站在自己的角度看不見的盲點。」

我們面對問題或交涉、溝通、談判的時候，總是習慣從自己的角度看問題，一味站在自己的立場說話。如果我們懂得站在對方的立場思考，從對方的角度觀察癥結所在，那麼我們就會恍然發現，眼前這些看似難纏的人，其實沒有想像中那麼難溝通。

在談判過程中，有幾個禁區是談判代表應該小心避免的。

以下列出一些以供大家參考：

一、忌對對方不禮貌

在談判過程中，必須注意滿足對方「希望獲得尊重」的需要，這樣的表現可以爲未來的合作奠定基礎。

就算在言談過程中，受到對方不禮貌的言詞刺激，也應保持頭腦冷靜、態度有禮，儘量以溫和、禮貌的語言來表達自己的意見，儘量避免使用一些極端用語，諸如「行不行啊？不行拉倒！」或「就這樣定了，否則就算了！」等等。這些話只會激怒對方，把談判引向破裂。

二、忌輕易加以評判

在談判過程中，即使你的意見是正確的，也不要輕易對對手的行爲、動機加以評判。因爲如果評判失誤，將會導致雙方對立而難以再次合作。

比如，當你發現對方對某件事的認知仍是十分陳舊時，如果貿然指責「你知道的資訊已經完全過時了」，對方聽了，必然無法馬上接受。如能改變一下陳述方式，則可能達到完全不同的效果，比如可以這樣說：「我對這件事有不同的看法，我的資料來源是……」

三、忌輕易否定

在談判時，經常會出現雙方意見相反的情況，這時儘量不要直接使用「不」等具有強烈否定意義與對抗色彩的字眼。這種否定語氣很容易造成無法收拾的局面，對雙方都沒有什麼好處。

當對方不理智地以粗暴的態度對待時，要著眼於整個談判大局，仍應和言悅色地用肯定的句型來表示否定的意思。

比如當對方情緒和言詞激動時，不要針鋒相對，可以委婉表示：「我理解你的心情，但你的做法值得推敲。」這樣一來，即使對方在盛怒之中也能接受你的話，就好像拳頭打在棉花團上，有火也不能發。並且，等他冷靜下來後，對你的好感就會油然而生。

另外，當談判陷入僵局時，也不要輕易使用否定對方的字眼，應不失風度地說：「我已經盡最大的努力，目前只能做到這一步了。」還可以適當運用轉折技巧，以免使僵局變成死局。

所謂轉折技巧，即先給予對方肯定，再委婉地表示否定意思，以闡明自己不可動搖的立場，例如：「我理解你的處境，但是……」或是「你們的情況確實讓人同情，不過……」等等。

這些話雖然並沒有陳述什麼實質性的內容，但「將心比心」的體諒，易使對方在情感上產生共鳴，從而打破談判僵局。

四、忌對關鍵問題正面回應

在談判時，應將重點放在對己方有利的問題上，對於對己方不利的問題不要深入探討或正面回答，可以繞著圈子解釋或者「顧左右而言他」。如果這一招仍無法打破僵局，可以建議暫時休會，讓大家放鬆一下，冷靜思考。總之，在這類情況下不可直接、正面回應，以免造成無法挽回的錯誤。

以上四點，是談判代表在談判過程中應小心注意的地方。既然會有談判，就代表雙方誠摯希望解決某個問題或事情，也希望最後結果能皆大歡喜。因而在談判中，小心別觸及這些禁區，就是對談判成功的最大保證了。

迂迴側擊才能突破僵局

當談判雙方在某個問題上爭執不下時，自信加技巧就是獲勝的關鍵。誰更自信、誰說話更有技巧，誰獲得成功的可能性就越大。

談判時，避開對方正常的心理期待，從對方以爲不太重要的地方展開交涉，非常可能讓對方的思考、判斷脫離預定軌道。等到對方逐漸適應你的思考邏輯後，再回到協商主題，這種迂迴方式通常能在談判中發揮不錯的效用。

某家玻璃廠廠長率團與美國歐文斯公司就引進先進的浮法玻璃生產線一事進行談判。雙方在部分引進還是全部引進的問題上陷入僵局，廠方提出部分引進的方案，但美方無法接受。

這時，廠方代表突然轉換話題，「全世界都知道，歐文斯公司的技術是第一流的，設備是第一流的，產品也是第一流的。」先三個「第一流」，誠懇而中肯地稱讚對方，使對方由於談判陷於僵局而產生的沮喪情緒得以消除。

接著，廠方代表又說：「如果歐文斯公司能幫助我們玻璃廠躍居爲第一流的水準，那麼，我們全廠上上下下的員工都會非常感謝你們。」

這麼一來，剛剛扯遠的話題又轉了回來。由於前面說的恭維話，已解除了對方心理上的抗拒感，所以對方聽到後面說這些話時，似乎也覺得順耳許多。

「我想美國方面當然知道，現在，義大利、荷蘭等幾個國家的代表團，正在我國北部的玻璃廠進行引進生產線的談判。如果我們之間的判因一點點小事失敗，那麼，不僅是本玻璃廠，歐文斯公司方面也將蒙受巨大的損失，這不僅是生意上的，更重要的是聲譽的損害。」

這裡，廠方代表沒有直接提到談判中最敏感的問題，也沒有指責對方缺乏誠意，只是用「一點點小事」來輕描淡寫，目的當然是沖淡對方對分歧意見的過度關注。同時，點出萬一談判破裂將造成美方巨大損失。

廠方代表接著說：「目前，我們的確因資金有困難，不能全部引進，這點務必請你們理解和原諒，並且希望在我們有困難的時候，你們能伸出友誼之手，爲我們將來的合作奠定一個良好的基礎。」

這段話中，已將對方視爲己方的朋友，表現出現在不是在談買賣，而是朋友之間互相幫助的態度。

這樣的結尾，使玻璃廠方代表所說的話顯得既通情、又達理。

果然，經過廠方代表的迂迴攻勢後，談判僵局打破了，雙方終於簽訂協議。

迂迴攻勢在談判中要持之有據、言之有理，提及的理由是對方沒有考慮過的，或是考慮得不周全的。只有這樣，說出來的話才有「分量」，才會引起對方的注意，重新加以思考。

使用迂迴法時，說話的態度要始終充滿自信。當談判雙方在某個問題上爭執不下時，自信加技巧就是獲勝的關鍵。

誰更自信、說話更有技巧，誰獲得成功的可能性就越大了。

掌握對方意圖，反客為主

談判過程其實就是鬥智的過程，每一句話、每一個問題都可能是個陷阱，開口之前要多加考慮，小心別掉入對方所設的圈套。

商業往來少不了談判，而在談判中的價格問題上，有經驗的買主經常會運用「投石問路」的方式來獲取資訊。

比如他們會問：「假如我們要買好幾種產品，不只購買一種產品呢？」或「假如我們買下你的全部商品呢？」或「假如我們和你簽訂兩年的合約呢？」或「假如我們要分期付款呢？」

這一系列的假設，看起來是無害的「石頭」，有時卻會使人進退兩難。在這種情況下，要拒絕回答是不容易的，對此，聰明的賣主一定要仔細考慮後才給予答覆，不要被這一陣「亂石」搞得應接不暇、手忙腳亂。

面對這些「假如……」的問題，賣主不宜直截了當地回答，不能馬上就報價，而要設法去瞭解買主的眞正意圖，變被動爲主動，反客爲主。

作爲一個精明的賣主，必須能夠尋找出對方容易妥協和讓步的地方，以便以此爲突破口，擊中對方要害。

態度要窮追不捨，打破砂鍋問到底，最好的方式是多問「爲什麼」，如：

「我方最多只能出價一千元。」

「爲什麼？」

這麼一來，如果對方繼續解釋，就有機會抓住他的要害，從而解決問題。

在討價還價過程中，聰明的買主會經常提出一些含糊不清的問題，而且這些問題也是可以做多種解釋的問題。

問這種問題的目的是要套出對方的話。

在談判和磋商過程中，談判人員常常以模糊性問題去試探對方，以探查對方的底細。比如：「那樣看起來好像不對，不是嗎？」或「成本看來似乎很高，不是嗎？」或「你們能夠做得比這個更好，不是嗎？」

對於這些問題，在還未瞭解對方的意圖或問題本身的含義之前，千萬不要輕易正面回答，只要回答一些非常概括性、原則性的問題即可，以免洩漏了己方情報，從而在談判中落入不利的位置。

談判的過程其實就是雙方鬥智的過程，對方的每一句話、每一個問題，都可能是個陷阱，開口之前一定要多加考慮，小心別掉入對方所設的圈套，輕而易舉地讓人摸清你的底細了。

小心作答，以免落入陷阱

談判過程其實就是雙方爾虞我詐的過程，彼此說的每一句話，都可能影響最後結果。面對提問時要小心作答，以免落入對方的陷阱。

對於某些含糊不清的問題，談判代表應慎重作答或儘量迴避或答非所問，至於究竟要採用何種方式作答，得依提問者的意圖而定。因此，在面對這類問題時，第一件事就是要弄清提問者的意圖。

要是對方提出尖銳的問題，談判代表可採取模糊策略回答。例如，對方問：「貴公司財力情況如何？」可以回答：「跟您做這筆生意還綽綽有餘。」

這個回答中，並未將公司的財務狀況告知對方，然而他卻很滿意，以爲你的財務狀況很好，事實上你並沒有那麼多錢，或者你不具備與他做這筆生意的財力，而且你同時還要去做其他幾筆生意。

再如對方詢問何時交貨時，如果你感到交貨困難，需要延緩交貨時間，便可以答：「製成後交貨」、「款到後不久交貨」或者「隨到隨交」等。這些都是模糊性回答，卻足以讓對手誤解實際狀況。

在談判過程中，富有經驗的談判者常常覺得，約有百分之九十的談判時間是用在討論一些無關緊要的事情上，至於關鍵性和實質性的問題，卻常是在最後剩下不到百分之十的時間裡談成的。也就是說，在談判過程的最後時間內，雙方做出的每一讓步都會影響最後的談判結果。

因此，談判者必須安排好談判的全部時間與最後時間之間的關係。

首先，要安排好談判過程時間表，合理估計每個問題將會花費的時間。其次，把一開始大部分時間用在討論周邊問題或較爲枝節的問題上，剩下的「最後十分鐘」，就可以用來洽談實質性或關鍵性的問題。

這種時間安排，一方面能避免雙方一開始就在實質問題上「觸礁」、「翻船」，同時又能充分地瞭解對方。

在最後關鍵的時間裡，雙方都慣用「最後期限」和「最後通牒」戰術。

「最後期限」戰術，往往是指在談判一開始即有意拖延時間，使談判接近某一時間界限時，開始向對方施加壓力，使對方爲趕在時間結束前能夠簽訂協定，而動搖立場，接受己方的方案。

「最後通牒」戰術是談判的一方聲稱「這是我們能出的最高價格了」或「這是我們能接受的最低價格了」，否則「我們將退出談判，另尋賣主（或買主）」。在這種攻勢下，談判對手往往很快就會讓步。

整個談判過程其實就是雙方爾虞我詐的過程，彼此說的每一句話，都可能影響最後的結果。所以面對對方的提問時，不論是模糊不清或直接了當的問題，都要小心作答，以免落入對方的陷阱，使己方蒙受損失。

依據情況，適時「激將」

激將法的具體實施，要採用何種方式才能取得最佳談判效果，靠談判者根據不同情況而定。「運用之妙，存乎一心。」不能背離這原則。

最高明的談判手腕往往使得不著痕跡，卻又牽著對方的鼻子走。殊不見，古往今來熟諳這種高明談判手段的人，時常運用激將法，不費吹灰之力就達成自己的目的。

激將法就是談判者透過一定的語言手段刺激對方，引起對方的情緒波動和心態變化，並使這種波動和變化朝著己方所預期的方向發展。

運用激將法使最後談判成功的例子很多，以下就是個好例子：

A市某橡膠廠進口一整套現代化膠鞋生產設備，但由於原料與員工技術層面跟不上新設備，所以那套現代化的生產設備被擱置了三年。後來，新任領導者決定將這套生產設備轉賣給B市的一家橡膠廠。

在正式談判前，A方發覺B方正面臨兩個情況。一是該廠雖然經濟實力雄厚，但盈餘大部分都投入了再生產，要馬上挪出兩百萬元添置設備，困難很大；二是該廠的領導者年輕好勝，在任何情況下都不甘示弱，甚至經常以拿破崙自詡。

對內情有所瞭解後，A方領導者決定親自與B方領導者進行談判。

在談判過程中，A方領導者首先恭維說：「我昨天在貴廠參觀了一整天，詳細瞭解了貴廠的生產情況，管理水準確實令人佩服。您年輕有爲、能力非凡，更使我欽佩。可以斷言，貴廠在您這位精明的廠長領導之下，不久一定可以成爲我國橡膠業的一顆新星！」

B方領導者聽了，趕緊答道：「哪裡哪裡，您過獎了！我年輕尙輕，經驗與見識都還不足，懇切希望得到您的指教！」

A方領導者說：「我向來不會奉承人，但貴廠今天做得好，我就說好；明天做得不好，就會說不好。」

B方領導者說：「那您對本廠的設備印象如何？您不是打算把那套現代化膠鞋生產設備賣給我們嗎？」

A方領導者說：「貴廠現有的生產設備，在國內看來還不錯，至少三五年內不會有問題。至於轉賣設備之事，我昨天在貴廠參觀一天後，想法改變了。」

B方領導者問：「不知有何高見？」

A方領導者說：「高見談不上。只是有兩個疑問：第一，我懷疑貴廠是否真有經濟實力購買這樣的設備；第二，我懷疑貴廠是否能招聘到管理操作這套設備的技術人員。由這點看來，將那套設備賣給貴廠不見得是個正確的決定。」

B方領導者聽到這些話，自覺受到A方領導者的輕視，心中十分不悅。於是，他有些炫耀地向A方領導者介紹了本廠的經濟實力和技術力量，表明他們有能力購買並操作管理這套價值兩百萬元的設備。

經過一番周旋後，最後A方成功地將那套擱置了三年的設備轉賣給B方。

在上述的這個眞實例子中，A方之所以最後能達到目的，要歸功於A廠領導者善用激將法的關係。

只是談判中，使用激將法的效果如何，全在於刺激的程度掌握得怎樣，有時只要「稍許加熱」即可，有時則要「火上澆油」；有時只需「點到即止」就好，有時卻要「窮追猛打」。

當然，激將法的具體實施，要採用何種方式才能取得最佳談判效果，就要靠談判者根據不同情況而巧妙運用。但是，「運用之妙，存乎一心」，不管運用什麼方法，都不能背離這項原則。

掌握報價學問，使談判順利前進

報價雖要依據一定的預定原則和方案進行，但談判代表仍可以根據當時情況，調整和變更自己的戰術。

堅定、果斷、清楚、明確、完整、統一，而且不加任何解釋和說明，這是談判報價方面的言語要求。

這種報價方式的好處是：

第一，使對方確信我方報價的可信程度，動搖對方的信心。

第二，使對方留下我方是認真而誠實的好印象，確信我方除了是談判桌上的對手，也是經濟合作上的夥伴。

請記住，在談判桌上，儘管雙方你來我往、唇槍舌劍，但唯有眞誠才能爲彼此的合作奠定良好基礎。

第三，任何欲言又止、吞吞吐吐、處處遮掩的行為，都會使對方感到不舒服，從而產生不良印象和不信任感。

另外，報價時不應加任何解釋和說明，當然，對報價本身的內容，如有必要，可按照對方的合理要求適當重複，這種做法的原因在於：

第一，在報價後，不論己方提出的價格如何，對方一定會就這個價格做進一步的詢問。因此，在事前不必多做解釋，只要就對方提出的問題，解除其疑惑即可。

第二，有時過多的解釋和說明，會使對方輕易發現我方的漏洞，從中找出破綻和突破點，發起猛烈攻擊，這反倒使解釋方處於不利的位置。

過多的解釋和說明只是畫蛇添足的行爲，不但不會使己方獲得好處，有時還會因過多的說明而招致不利，反使自己陷入困境中。

以上這些是報價時，言語方面應遵守的原則，但這只是一般的原則和方法，在談判過程中，還要根據具體情況加以靈活運用。

在談判、報價過程中，談判代表需認眞考慮的，主要有以下幾種情況：

一、考慮談判的環境和自己與對方的關係，如果對方為了自己的利益，明顯向我方施壓，則我方必須提出較高的條件向對方施加壓力，迅速反擊，以保障自己的尊嚴、維護自己的利益。

在這類情況下，報價語言應更爲明確簡潔，態度要堅定不移，使對方從你的語言表達、語氣運用方面，明確了解到你是不會任他擺佈、壓迫的；使對方調整方案，考慮我方的條件，或是協調退讓，使我方掌握一定的主動權。

二、如果談判雙方有過較長的合作關係，或者雙方關係比較友好，彼此態度都很誠懇，那麼己方報價時，就應當採取誠懇的態度，不要因所提價格、條件過高而影響雙方的關係，破壞已經建立起來的情誼。

在這種情況下，報價的語氣應略帶和緩，言語要清楚明確以顯眞誠，使對方從你的語言表達、語氣運用中，確認你是可信賴的。這麼一來，對方在討價還價時，提出的價格也不會與你的報價相差太多。如此不但易於成交，還加大了談判雙方繼續保持友好商務往來關係的可能性。

三、若是我方尚無法先行掌握對方的觀點與意圖，難以瞭解對方的實際情況，這種情況下，報價時的語言運用要適當，態度既不要太堅決也不可畏縮，在報價的同時注意對方的表現，為進一步談判作準備。

報價的語言表達方式具有靈活性。報價雖要依據一定的預定原則和方案進行，但談判代表仍可以根據當時情況，調整和變更自己的戰術。

此外，談判人員還可以利用個人的社交才能，借助情感因素促進交易達成，並透過對對方言談舉止的觀察進而見機行事。

談判代表必須掌握一定的語言表達能力，運用嫻熟的語言技巧來表達自己的觀點，才會是一名成功的談判代表。

肯定是最有力的激勵

激發別人的幹勁，不應全憑自己的判斷，而是要把對方抬高，在他已有的實力上添磚增瓦，以締造更高的成就。

日本游泳女將前田秀子在奪得貝魯林世運會冠軍之前，曾以十八歲的年齡參加於洛杉磯舉行的前一屆世運會，以〇．一秒之差敗給澳大利亞選手，只奪得銀牌與金牌擦身而過。

在慶功宴上，當時的東京市長永田秀次郎問她：「第一次參賽便拿到銀牌，一定很高興吧？」

「對，我很高興，做夢也沒想到自己會拿到銀牌，更沒想到還刷新了全國紀錄。」她笑著回答。

「我還爲妳可惜呢！只差〇．一秒。妳縮短了全國紀錄有六秒之多，如果能縮短至七秒的話，金牌不就是妳的了嗎？再試試看，再努力四年吧！下一次說不定能拿到冠軍！」

事實上，前田秀子本來打算就此悄然從泳壇引退，可是東京市長的這番話打動了她的心，助她下定決心向〇．一秒挑戰。

果然不負日本國民的期望，她在四年後的貝魯林世運會裡奪得冠軍。

激發別人的幹勁，不應全憑自己的判斷，而是要把對方抬得更高一點，在他已有的實力上添磚增瓦，以締造更高的成就。

永田秀次郎市長當然知道縮短〇．一秒是何等困難艱鉅，但因善用肯定句，前田秀子聽了，又豈能表示「我無法再快」？除了勤練四年，接受別人賦予的信心，硬起頭皮再次挑戰，實在別無他途。這就是肯定性言語的力量！

PART 7

期望會說話，先學著少說廢話

諺語是詼諧而有說服力的短句，
談話時套用個幾句，
有畫龍點睛的效果，但用太多也不好。

攻「心」才能收得真正效益

適時加以讚美，可在行銷、溝通過程中助你一臂之力。語言要把握得恰到好處，力求生動活潑、貼切實際。

人人都說商場如戰場，如何在品牌眾多的商場上，把你的產品成功地推銷出去，說服顧客，使他們心悅誠服地購買呢？

語言溝通絕對是最重要的。在商場上，只有夠漂亮、能夠打動顧客心靈的語言，才是金玉良言。

使顧客由「不買」變為「想買」，可參考以下幾種方法：

- 巧設疑問

若顧客看了你的商品，轉身就走，便說明了他根本沒有購買意圖。這個時候，你再繼續講述該商品有多好多優秀都無異於徒勞，因爲對方根本聽不進去。

但是，你若能巧妙地換一種辦法，使顧客抱著好奇心態停下來，傾聽你的講解，就有可能改變顧客的意圖，化「不買」爲「買」，抓住寶貴商機。

如何激發好奇心呢？

很簡單，就是在適當的時候把疑問留給顧客。

●投其所好

顧客拒絕你所推銷的商品時，可能會說出不買的原因。

你可以抓住這個機會與他溝通，根據回答找出不滿意的原因，以及顧客眞正的需要，投其所好，對症下藥。

但是，投顧客所好也要掌握分寸，一定要一針見血，一句話就說到對方心裡去，激發他的興趣。

顧客若有自卑心理，可以透過讚美消除，給他信心；顧客若是悶悶不樂、憂心忡忡，可以運用語言藝術說出更漂亮、幽默的話，改變當時的談話氣氛；顧客若不明事理、無理取鬧，不妨順水推舟，製造反差，使他意識到自身的錯誤，從而心悅誠服地接受你的意見。

想要順利與顧客展開溝通，必須先掌握顧客的心理，清楚他們在什麼樣的情況下需要什麼、想什麼，從而做成交易。

•真誠相待

有些時候，顧客只是抱著隨意逛逛的心態，走進你的商店挑了半天，弄得亂七八糟，最後一件也不買。

這時候，身爲老闆的你可能會相當生氣，該如何應對才好？

當著顧客的面說出自己的不滿，結果當然不言而喻。假若換一種心境面對，效果可能就大相徑庭了。

你應當將不滿的心情隱藏起來，耐心等待顧客挑選，並且笑臉相對。如此情況下，他極有可能會因為你的熱情誠懇而感動，心甘情願地買走某一樣商品。

某回，一個旅遊團走進了一家糖果店，參觀一番後，正打算離開時，服務員端上一盤精美的糖果到他們面前，柔聲地說：「各位好，這是我們剛進的新品，清香可口，甜而不膩，免費請大家品嚐，請不要客氣。」

盛情難卻，遊客們恭敬不如從命，但既然免費嚐了人家的糖果，不買點什麼實在過意不去，於是每人多多少少都買了幾包，在服務員歡喜的「歡迎再來」的送別聲中離去。

是什麼轉變了遊客的態度，從「不買」變成「買」呢？

自然是服務員耐心真誠的態度。

・合理讚美

做生意時，不免要面對「大權在握」的客戶，這時不妨給予合理讚美，讓對方感到得意，同時做出一些讓人痛快的決定，以更彰顯他的「權力」。

來看看下面這個例子：

在一次偶然的機會下，李華結識了一位女士，對李華經手出售的豪宅很感興趣，但對價錢卻沒有表態，留下一張名片便離開了。

李華看過名片，不由一怔，原來她是一家知名公司的副總經理。那位「女士」看起來貌不驚人，卻頂著「副總經理」的頭銜，李華認為，以她的經濟實力，絕對可以買下自己經手的這棟豪宅。

次日，李華打電話去向那位女士「行銷」，但對方只說了句：「太貴了，如果能便宜一點再說。」

事實上這是好事情，表示她對房子本身相當滿意，只是在價格上還有些問題。於是，李華要求直接與對方面談。

一走進那位女士的辦公室，李華便被眼前豪華氣派的佈置驚呆了。中間一張大辦公桌，右邊一套高級沙發，左邊還有一張大型會議桌，七、八位職員正在進行「小組討論」。

李華想也沒想，脫口而出：「您手下有這麼多人啊！」

那位女士笑著說道：「是呀！這些都是我的中階主管。」

「哇！他們都是主管，下面豈不是還有更多人？」

見對方點了點頭，李華禁不住讚佩道：「我見過很多男主管，但女主管有這麼大排場的，還是第一次看到。您的權力想必很大吧！如果不是自身夠能幹、有才華，絕對不可能辦到的。」

聽見如此恭維，那位女士自豪地說：「這只是一小部分。」

李華故作吃驚狀，高聲說：「太驚人了，那您做事一定很痛快、乾脆，很有大將風範。」

聽完李華的讚美，那位女士心花怒放，非但笑得合不攏嘴，還連連點頭說：「這棟房子我要了，不用等我丈夫來看，我決定就可以。就這樣說定吧！我們明天就簽約。」

就這樣，李華做成了一筆大生意。

適時加以讚美，可在行銷、溝通過程中助你一臂之力。但切記一點：讚美是一門藝術，語言要把握得恰到好處，力求生動活潑、貼切實際。若是漫無邊際、不假思索，讓聽者明顯感覺你在拍馬屁，只會收到反效果。

戰勝咄咄逼人的談話對手

當對方的問題很難回答、角度很刁，回答肯定、否定都可能出差錯時，不如不要回答，設法把問題還給對方。

突破對方的心防其實沒什麼秘訣，就看你是否懂得站在對方立場看問題，是否懂得站在對方角度說話。想要提昇自己的處世競爭力，說話半事一定要講究策略和技巧；懂得站在對方的立場思考，站在對方的角度說話，你就會恍然發現，眼前這個人其實沒那麼難纏。

很多人都害怕和咄咄逼人的對手交談，認爲這是一種相當可怕、難以應付的談話態度。

確實如此，咄咄逼人的談話者，一般是有備而來，或是對自己的條件估計得比較充分、有信心取勝。他的談鋒多是指向一個地方，對要害部位實行「重點攻擊」，使聆聽者打從一開始就處於被動位置。

碰到這樣的人，難道就只能被動地挨打嗎？

當然不是。

對付咄咄逼人談話者的辦法相當多，根據情況的不同，有以下數種：

• 後發制人

後發制人是使自己站穩腳跟的最有效辦法，中國人最善此道，古代哲學中，有相當多關於「以靜制動」、「反守為攻」的論述。

相信大多數人都有類似經驗：先把拳頭縮回來，直到看準了對方，再猛烈地揮出，打得最準。

可以說，這就是後發制人的眞義。

採用後發制人策略，在以下兩種情況下施行反攻，最為有效：

•當對方已經不能自圓其說的時候

咄咄逼人的人，開始時鋒芒畢露，也許你根本找不到他的破綻。但是，你應該抱著這麼一種觀念——他總有不攻自破的地方，總是有軟弱的地方，只是還沒被發現而已。

等待時機，一旦鋒芒收斂，想作喘息、補充，就可以全力反攻。

•當對方山窮水盡的時候

當對方進攻完畢，而後發現你身上根本沒有半點「傷口」，先前的鋒芒所指，根本是微不足道的小錯誤，或者打擊的部位不夠全面，無法從本質上動搖你，必定會走到「山窮水盡」。

對手技窮時，就是你反守爲攻的最好時機。

•針鋒相對

針鋒相對，即是以同樣的火力進攻。

對方提出什麼樣的問題，你立即給予十分肯定或否定的回答，絲毫不退讓，一點也不拖泥帶水，使對方無理可言。

•裝作退卻

假如對方的問話是你必須回答、不能推辭的，而又要對方跟著你的思路走，你可以裝作在第一方面退卻，誘使他乘機逼過來，趁勢將他帶遠，完全進入圈套中，然後再回過頭來反擊。

•抓住一點，絲毫不讓

有些時候，會遭遇幾乎無計可施的狀況。對方話鋒之強烈、火藥味之濃，使你無法反擊，他提出許多重大問題，你卻無法一一回答，該怎麼辦？

此時，應求迅速找到談話內容中的一個小漏洞，即使相當微不足道也無所謂，然後加以無限擴大，使他不能再充分展開其他攻勢。

接著，你就抓緊這一點小問題，來回與他周旋，轉移焦點，爲自己爭取時間，想出應付其他問題的辦法。

●胡攪蠻纏

所謂胡攪蠻纏，是當你理虧，被對方逼到了死角，又實在不想丟面子時，可採用的非常手段。

胡攪蠻纏，就是把沒有理的說成有理的，把本來不相干的東西聯繫在一起，說成是息息相關的事物，把不可能解決的、不好解決的問題全部扯在一起，以應付連串進攻。

胡攪蠻纏是不得已下的非常手段，在某種程度上，並不正當，但不失爲一種自我保護的好方法，特別是當對方欺人太甚、絲毫不留情面的時候。

另一方面，胡攪蠻纏可以先拖住對方，以便爲自己爭取時間與空間，考慮眞正的解危辦法。

●把球踢給對方

把球踢給對方，這是談話運用中一個很普遍、實用的技巧。

當對方的問題很難回答、角度很刁，回答肯定、否定都可能出差錯時，不如不要回答，設法把問題還給對方。從哪個地方踢來的球，就再踢回到那個地方去，反將他一軍。

古時候，一位國王故意考問智者道：「人人都說你聰明，不知是真是假？如果你能數清天上有多少顆星，我就同意你聰明。」

只見智者不慌不忙地回答：「如果國王陛下能先告訴我，我騎的毛驢有多少根毛，我就告訴陛下天，上究竟有多少顆星。」

上述這則故事，正是「把球踢還給對方」的精采演繹。

●打擦邊球

打擦邊球，就是給予對方一個模稜兩可的回答，好像打乒乓球時打出的擦邊球一樣，看似出界，其實仍在範圍內。

面對咄咄逼人的追問，大可還以一個擦邊球式的回答，看起來與對方的問題不相干，幾乎沒有正面回答追問，但這樣的回答又確實與此有關，使對方不能對你進行無理的指責。

站穩立場，防守反擊，將以上幾種方法運用在說話中，必能大大提高言語威力，獲得勝利。

說話迷人，你就能說服人

一句話若沒有抑揚頓挫，將流於平淡，引不起對方的興趣，添一些感歎詞，則能活化彼此對談的氣氛。

吸引人的談話，少不了動聽的音調和動人的傳遞方式。

有些談話者，雖然在內容上不佔優勢，但說話方式非常高明，傳遞出非常迷人、令人舒服的感覺，因此處處吃香。

不可諱言，不同的說話者就有不同的個性，每一次對話，都會因爲說話技巧的不同而得到不一樣的迴響、反應。

使對方願意傾聽的迷人說話技巧，具體而言，指的是以下幾種：

●說話風格明快

大多數人不喜歡晦暗的事物，就如同草木需要陽光才能生長。帶陰沉感的談話，會讓人產生疑慮、厭惡及壓迫等負面情感，可想而知，收效不會太好。

●擁有個性的聲音

有些女性的說話聲音非常動人婉轉，使聆聽者覺得與她對話是一種享受，這樣的說話者，就是非常成功的。

擅長說話的人必定會注意自身的說話音量，並慎選說話的語氣，完全依自身的天賦、個性、場合及所要表達的情感而變化。

如果條件允許，不妨把自己說的話錄下來，仔細地聆聽，你很有可能會吃驚地發現，自己說話時竟有那麼多毛病，有那麼多需要立即改進的缺失。如此經常檢查，說話技巧必定會不斷提高。

●語氣肯定

每個人都有自尊，很容易因爲某些微不足道的小事就感到自尊受損，並反射性地表現出拒絕態度。

所以，期望對方聽你說話，首先得先傾聽對方要表達些什麼。

所謂「說話語氣肯定」，並不是指肯定對方說話的內容，而是留心可能使對方受傷害的地方。

如果我們無法在內容上贊成對方的想法，可以說：「你所說的，事實上我本身也曾考慮過。」然後再問：「那你對這件事有何看法？」

將判斷的決定權交出，並不僅只於單純地保護對方的自尊心，也是了解到自己並不完美的謙虛表現。

以這種形式說話，當然比較受歡迎、比較吃香。

• 語調自然變化

比起故意做作，自然的聲音總是更悅耳。

你要注意，交談不是演話劇，無論採用什麼樣的語調，都應保持自然流暢，故意做作的聲音將使事與願違。

當交談的對象不是一個人，而是許多人時，可採用以下技巧：當前一個人的聲音很大，你在起頭時就可以壓低聲音，做到低、小、穩；當前一個音量小時，你一開始說話就該略提高嗓門，讓聲音清脆、響亮，以引起聽眾注意。

●習慣用法

人類生存在當今繁雜的社會環境中，對於語言，各自擁有不同的運用標準，一旦不符合標準，就會導致不協調的感覺產生。

語言運用是否合適，取決於語氣與措詞。

人際交往中，確實有必要根據實際情況或對方身分調整說話方式，使用最適當的語言。不分親疏遠近，一律以某一種態度說話，必將使效果大打折扣，非但不能有效傳遞自己的想法，甚至還會得罪人。

「太好了」、「好棒喲」、「眞可怕」，這都是一般女孩子說話時常會冒出來的感歎詞，也是感情洋溢的表現，能使說出來的話更具色彩、更吸引人。

一句話若沒有抑揚頓挫，將流於平淡，引不起對方的興趣，添一些感歎詞，則能活化彼此對談的氣氛。當然，幫對話「加料」必須適可而止，過多的感歎詞也會抹殺掉言詞的可信度，使聆聽者分辨不出你要表達的眞正意思。

將「冷」、「熱」這樣極平常的形容，加上適度修飾，變成「好冷呀」、「好熱呀」，不是更動人嗎？

●思路有條理

當先前的談話陷入爭論，欠缺頭緒時，你站出來講話，就要力求詞句簡短、聲音果斷，氣勢過人且富於條理。

此外，還有一個說話小秘訣：若必須在公開場合下與眾多參與者一同發言，你的發言順序最好不要夾在中間，要不在前面，要不就乾脆留待最後，給聽眾的印象才會深刻。

期望會說話，先學著少說廢話

諺語是詼諧而有說服力的短句，談話時套用幾句，有畫龍點睛的效果，但用太多也不好。

每個人都喜歡聽好聽的話，說好聽的話絕對比做好事更容易達成溝通的目的；想成功，在溝通的過程中，如何把話說到別人的心坎裡，絕對是必修的一門學分。

如果你不知道如何把話說進對方的心坎裡，非但無法達成自己的目的，而且還會使自己處處碰壁。

日常生活中，如果稍加留意，絕對會發現許多人在說話中存在一個明顯毛病，就是愛說些無關緊要、多餘的「廢話」。

雖然這些毛病的殺傷力不是太大，但如果不加以注意，不求有效改善，免不了降低談話效果。

一般人的交談，最容易出現以下幾種「廢話」：

●多餘的贅語

不少人喜歡在交談中使用某些根本不必要的贅語或口頭禪，例如，無論講什麼都加上一句「自然啦」或「當然啦」；另有一部分人動不動就要加上「坦白說」、「老實說」；也有人老是喜歡問別人「你明白什麼」或「你聽清楚了嗎」；還有人說沒幾句就會冒出「你說是不是」或「你覺得怎麼樣」，諸如此類，不勝枚舉。

這一類毛病，說話者自己可能一點不覺得，卻讓人感到相當困擾。若要克服，最好的辦法是請朋友時刻提醒。

●雜音

有些人能把話說得很好，卻偏要在言語之間摻上無意義的雜音。他們的鼻子總是一哼一哼地響著，或者喉嚨好像老是不暢通似的，輕輕地咳著，再不然，就是每句話開頭都加上一個拖長的「唉」，生怕他人聽不清楚自己要說的話一般。

這類毛病，多是習慣導致，只要拿出決心，絕對可以戒除。

●諺語太多

諺語是詼諧而有說服力的短句，談話之時套用幾句，有畫龍點睛的效果，但用太多也不好。

諺語用過頭，會給人一種油腔滑調、嘩眾取寵的不良印象，不僅無助於增強說服力，反而使聽者感到累贅。

切記，只有將諺語用在恰當的地方，才能使談話生動有力。

●濫用流行字句

某些流行的字句，往往會被人不加選擇地亂用一番，「奈米」這個詞就是一個被濫用的好例子。什麼東西都牽強地加上「奈米」，不僅不能提高可信度，還會使人感到可笑。

●特別愛用某個特定詞

不知是因爲偷懶、不肯動腦筋尋找更恰當的字眼，還是有其他方面的原因，總有人特別喜歡用某一個特定的字或詞來表達各種各樣的意思，而不管這個字或詞本身是否合適。

濫用同一個特定詞彙，突顯了自身表達能力的不足，更使聆聽者感到迷惑、厭煩，必須避免。

平時就該盡可能地多記一些辭彙，並了解它們的眞正涵義，使自己的表達能力更精準且多樣化。

●太瑣碎

過於瑣碎的談話，容易使聆聽者失去耐心。

例如，自己的經歷，本來最容易講得生動、精采，很多人也喜歡聽別人描述自身經歷。但是，許多人在講述過程中，會犯下過於瑣碎、不知節制的毛病，不分主次地說個沒完，好像自己的一切都很了不起，都有公諸於世的必要。可想而知，聽者會感到茫然無頭緒，很快就失去了興趣。

這樣的說話本事，無論可以把一件事情描述得多詳細，都不算高明。講經歷或故事時，要善於抓出重點，並了解聽者的興趣究竟在哪裡。在重要的關節上講得盡可能詳細一些，其他地方，用一兩句話交代過去即可。

● 過分使用誇張手法

誇張的手法多能達到引人注意的效果，不過，不能用得太過分，否則別人將無法信任你口中說出的話。

現實生活中，人不可能每次說的都是「非常重要」的消息，也不可能每次都講「極動人的」故事或「最可笑的」笑話，因此，不要動不動就用上「非常」、「最」、「極」等字眼，以免在聆聽者心中留下誇大不實的負面印象。

改掉說「廢話」的毛病後，還應該注意自己在談話中的聲調、手勢、面部表現，努力使各方面協調、得體。這樣，就能大大增強言談的吸引力，藉言語在人際交往中無往不利。

聲音完美，更具成功機會

語言的威懾和影響力，與聲音的大小沒有連帶關係，不要以為大喊大叫就一定能說服並壓制他人。

期望自己的言談本領更高明、更具吸引力，必須同時要求說話方式與內容，力求使雙方面都得到提升。

那麼，該如何讓聲音更具吸引力呢？

期望使聲音更完美，應掌握以下技巧：

- **注重自己的說話語調**

語調能反映出說話者的內心世界，包括想法、情感和態度。

當感到生氣、驚愕、懷疑、激動時，你表現出的語調必定無法自然。因此，透過語調，人們可以感覺出你是一個令人信服、幽默、可親可近的人，還是一個呆板保守、具挑釁性、好阿諛奉承或陰險狡猾的角色。

同理，語調也能反映出你是一個優柔寡斷、自卑、充滿敵意的人，還是一個誠實、自信、坦率並能尊重他人的人。

無論正談論什麼樣的話題，都應力求讓說話語調與所談及的內容互相配合，並恰當地表明自己對某一話題的態度。

要做到這一點，語調必須滿足以下條件：

1. 向他人及時、準確地傳遞自己所掌握的資訊。
2. 得體地勸說他人接受某種觀點。
3. 倡導他人實施某一行動。
4. 果斷地做出某一決定或制定某一規劃。

• 注意自己的發音

我們說出的每一個詞、每一句話，都是由一個個最基本的語音單位組成，然後再加上適當的重音和語調。

正確且恰當的發音，有助於準確地表達思想，使你心想事成，是提高言辭表達說服力的一個重要元素。

而達成一切的基本，就是清晰地發出每一個音節。

不良的發音有損於形象，更有礙於展示自身思想和才能。若說話時發音錯誤且含糊不清，表明自身思路紊亂、觀點不清，或對某一話題態度冷淡。當一個人本身不具備激勵能力卻又想向他人傳遞資訊時，通常如此。

令人遺憾的是，許多管理人員經常有發音錯誤的毛病，甚至還帶有發音含糊的不良習慣。他們養成了自以爲是的一種老闆式說話腔調，講話時哼哼嗯嗯、拖拖拉拉，還以此得意，認爲體現出了自身的威嚴及與衆不同。

但看在別人眼裡，眞的是這麼一回事嗎？

可想而知，當然不是。結果極有可能適得其反，因爲這種「官話」會使下屬感到極不自然，從而產生一種本能上的抵制情緒。

•不要讓發出的聲音刺耳

人的音域範圍可塑性極大，有的高亢、有的低沉、有的單薄、有的渾厚。說話時，你必須精準地控制自己的音量與音高，因爲音量大小和音調高低不同，象徵的意義便不同。

高聲尖叫意味著緊張驚恐或者興奮激動，如果說話聲音低沉、有氣無力，則會讓人感覺缺乏熱情、沒有生機，或者過於自信，不屑一顧，更可能讓人感覺到你根本不需要他人的幫助。

當我們想使說出的話題引起他人興趣時，多會提高自己的音調。有時，爲了獲得一種特殊的表達效果，也會故意降低音調。無論如何，應力求在音調的上下限之間找到恰當的平衡。

•不要用鼻音說話

與人對談過程中，我們可能經常聽到諸如「姆……哼……嗯……」之類的發音，這就是鼻音。

應避免用鼻腔說話，因爲極有可能讓聽者感到難受。使用鼻腔說話，會讓聲音聽起來似在抱怨、毫無生氣、十分消極，無法在別人心中留下好印象，並不吃香。

如果你想讓自己所說的話更具吸引力和說服力，期望自己的語言更富魅力，從現在開始，請避免使用鼻音。

●控制說話的音量

內心緊張時，發出的聲音多會較尖且高。

但是，語言的威懾和影響力，與聲音的大小沒有連帶關係。不要以爲大喊大叫就一定能說服並壓制他人，事實上，聲音過大只會迫使他人不願聆聽，甚至產生厭惡情緒。

與音調一樣，每個人說話的聲音大小也有一定範圍，不妨試著發出各種音量大小不同的聲音，從中找出最爲合適者。

・充滿熱情與活力

響亮而生機勃勃的聲音，給人充滿活力與生命力的感覺。你向某人傳遞資訊、勸說他人時，這一點能產生重大的影響力。人在講話時，自身情緒、表情和說話的內容一樣，能帶動、感染每一位聽衆。

・注意說話的節奏

節奏，即由說話時的發音與停頓所形成、強弱有序且富週期性的變化。日常生活中，大多數人根本不考慮說話的節奏，更輕忽了說話時不斷改變節奏以避免單調乏味的重要性。

節奏的重要性，可以從以下事實看出：每一種語言都有獨特的重音和語速，法語不同於德語，英語不同於西班牙語，漢語又不同於英語。

此外，人們容易認爲詩歌與散文的節奏有很大差別，其實兩者的相對區別在於規則與不規則的重讀上。詩歌具有規則的、可把握的重音，相較之下，散文的形式則是不規則的。

當人們處於壓力之下，便會不由自主地使用一種比散文更自由，或者說更無規則的節奏講話。

•注意說話的速度

語言交流過程中，講話速度快慢將影響資訊的傳遞效果。

速度太快，就如同音調過高，給人緊張和焦慮感。一個說話太快的人，必定會有某些詞語模糊不清，使他人在接收上產生困難或誤解。

當然，並不是放慢速度就一定比較好，因爲相對的，速度太慢，表明你領會遲鈍，容易使人心生不耐。

努力維持恰當的說話速度，不要太快也不要太慢，並在說話過程中不斷地視對方反應做調整，自然比較吃香。

說話的內容和聲音都是十分重要的，找出讓自己把話說得更完美的方式，無疑是贏得人心的最好方法。

合適的言語特質讓你更受肯定

不僅要注意到男女語言的不同特質，掌握優點，更要進一步培養出能展現自身個性特點的說話方式。

作家柯立芝曾說：「言語是人類心智的軍火庫，藏著以往的戰利品，更藏著征服未來的武器。」

每個人身上必定都有一些「特質」，它們可能是天生的，也可能是後天培養出來的。若能巧妙配合自身性別，塑造出合適的、容易被接納的言語特質，必能讓你更吃香。

- **適合男性的言語特質**

如果你是男人，想要說話鏗鏘有力、擲地有聲，就該培養出以下特點：

• 豪爽

男性要性格豁達，語氣直率，表現出豪爽坦誠的性格和品質，讓聽者感受到強大的力度和氣度，深深被折服。

• 理智

有句俗話說，感情是屬於女人的，而理智屬於男人。當然，這話並非百分之百正確，但在絕大多數情況下有相當可信度。即便是同一件事情，男性與女性的表述角度多有不同，女性重於感性，男性則重於理性。

• 瀟灑

有的男人說話吞吞吐吐，不敢痛快地說出來，容易讓人留下不好印象。乾脆俐落、灑脫豁達、直抒胸臆，這才展現出男性語言應有的瀟灑。

此外，語言邏輯的嚴密、語句的簡練準確等，也都是男性語言的重要特點。能夠以這樣的態度說話的男性，比較吃香。

●適合女性的言語特質

女人素來較善良溫柔，這種美德也體現在語言中。

身為現代女性，要在競爭激烈的社會中求生存發展，更應了解女性語言的特點，充分展示獨特魅力，從而使自己更具優勢，成為人見人愛的新女性。

能充分展現女性魅力的語言態度，應滿足以下特點：

●理解

人天生就有一種心理需求，希望得到別人理解。而女性普遍比男性更富同情心，更善於體恤別人、與人進行心靈的溝通，以滿足對方的心理需求。

飽含深深理解的語言，最能打動人心。大凡真摯不變的友誼、纏綿熱烈的愛情，都必須建立在相互理解的基礎上。

●溫柔

溫言細語、謙順溫和，是女性特有的語言風格，使人備感親切。

有人說「女人不能弱，弱了被人欺」，因此出現了「罵街潑婦」，說話比男人還粗魯，這其實是捨近求遠，放棄了自身的優勢，轉而追求劣勢。

只要運用得當，誰說溫柔不能是一種利器？

● 含蓄

女性大多是含蓄的，與人交談時，常常不直陳意見和看法，而是拐彎抹角、正話反說，或者巧用寓意象徵、委婉迂迴，從而給人無限遐想空間。

這種說話方式有一個極大好處，就是避免了直接觸碰他人的痛處，因言語不慎而樹敵。

在提出不同意見、批評或拒絕時，尤爲重要。

● 多情

女性語言與男性語言的最大區別，是男性注重理，女性注重情。

多情是女性語言的一大特點，也是一大優勢。

飽含感情色彩的語言，在人際交往中，能喚起對方的情感，使雙方產生感情上的共鳴，促使關係更加緊密。

用多情的女性語言和丈夫或戀人交流，會使情感之花更加豔美；去安慰親朋好友，會更容易達到撫慰對方心靈的目的；去激勵同事，能使人產生極大的進取心和力量。

多情是女性語言的優勢，充分發揮，能產生意想不到的力量。

新時代，新氣象，人們的溝通模式越發多樣化且個性化，我們不僅要注意到男女語言的不同特質，掌握優點，更要進一步培養出能展現自身個性特點的說話方式。有些節目主持人，在進行人物專訪時，爲了讓被訪者說出實情，並儘量地了解情況，言詞多相當犀利，令被訪者防不勝防。

這就是他們的說話特色，也是言語魅力所在。

了解對方的語言特點，樹立自己的語言風格，有助於增添自身的社交魅力，達到戰無不勝的目的。

內涵紮實，言語更添魅力

若不想說話空洞無物，就應下決心積累大批的、雄厚的、紮實的本錢，從充實內涵開始，讓說話的內容豐富起來。

口才，反映了一個人的道德修養、學識水準、思辨能力。

要想使自己的語言具有藝術魅力，光靠技巧是不夠的，一味地追求技巧而忽略自身的素質培養，等同於捨本逐末。我們在學習語言技巧同時，還應全面提高自身的學識修養。

有人說，在這個世界上，唯一可以依靠的人就是自己。而要得到好口才，在於平時的積累和鍛鍊。

所謂「厚積薄發」，有一定道理，因爲言語必須以生活爲內容，先有實踐經驗，才有談話的基礎，並使對話內容充實、豐富。

對於時事、國事，都要經常關注，以吸取對自己有用的資訊。對於所見所聞，都要加以思考、研究，儘量去了解發生的過程、意義，從中悟出道理。凡此種種，都是學習並積累知識的好機會。在日常生活中，要隨時計劃、安排、改進生活，不可任性懶散地讓機會白白流掉。

若不甘於做井底之蛙，就應靜下心來努力地學習，拓展視野。你若不想說話空洞無物，就應下決心積累大批的、雄厚的、紮實的本錢，從充實內涵開始，讓自己說話的內容豐富起來。

以下，介紹一些積累談話素材的方法：

•多讀書多看報

日常生活中，我們每天都離不開報紙、雜誌和書。不妨在讀書看報時，備一枝筆或一把剪刀，把見到的好文章、讓自己心動的好話標出來、剪下來。每天堅持，哪怕一天只記一兩句，也是很有意義的。

日積月累，在談話的時候，會不經意地用上曾抄下來的語句，它們可能會突然地從你的頭腦裡冒出來，給你一個意外的驚喜。

●積累警句、諺語

聆聽別人的演講或談話時，隨時都可能捕捉到表現人類智慧的警句、諺語。把這些話在心中重複一遍，記在本子上，久而久之，談話的題材、資料將越來越多，使你的口才越來越成熟，說起話來條理清楚，出口成章。

●積累談話素材

對於談話的題材和資料，一方面要認眞地去吸收，另一方面要好好地加以運用。懂得運用，一句普通的話也可以帶來驚人效果。千萬要建立一個正確觀念：不能應用的吸收毫無意義。

●提高觀察、思考問題的能力

有觀察、思考問題時的敏銳眼光，有豐富的學識和經驗，有大大增強的想像力、敏感性，就能提高自己的口才。

隨著口才的提高，生活必將更豐富多彩，從個人的個性品質到各方面能力都將得到顯著提高，從而成爲一名無往不利、處處吃香的社交能手。

突破心防說話謀略

作　　者　易千秋
社　　長　陳維都
藝術總監　黃聖文
編輯總監　王郡凌
出 版 者　普天出版家族有限公司
新北市汐止區忠二街 6 巷 15 號
TEL / (02)26435033（代表號）
FAX / (02) 26486465
E-mail：asia.books@msa.hinet.net
http://www.popu.com.tw/
郵政劃撥 19091443 陳維都帳戶
總 經 銷　旭昇圖書有限公司
新北市中和區中山路二段 352 號 2F
TEL / (02) 22451480（代表號）
FAX / (02) 22451479
E-mail：s1686688@ms31.hinet.net
法律顧問　西華律師事務所・黃憲男律師
電腦排版　巨新電腦排版有限公司
印製裝訂　久裕印刷事業有限公司
出 版 日　2023 年 12 月第 2 版第 1 刷
ISBN◉978-986-389-896-2　　條碼 9789863898962

國家圖書館出版品預行編目資料

突破心防說話謀略／
易千秋著.—第 2 版.—：新北市,普天出版
2023.12 面；公分. -（溝通大師；55）
ISBN◉978-986-389-896-2（平裝）

溝通大師
55